女性のための安心鉄道旅行術

蜂谷あす美

女性のための安心鉄道旅行術

目次

第2章 旅行計画の作り方 …………59

第4章　荷造りは入念に

Column

第5章 旅に出発

※ 2024年12月現在の情報をもとに掲載しております。

蜂谷あす美 *Profile*

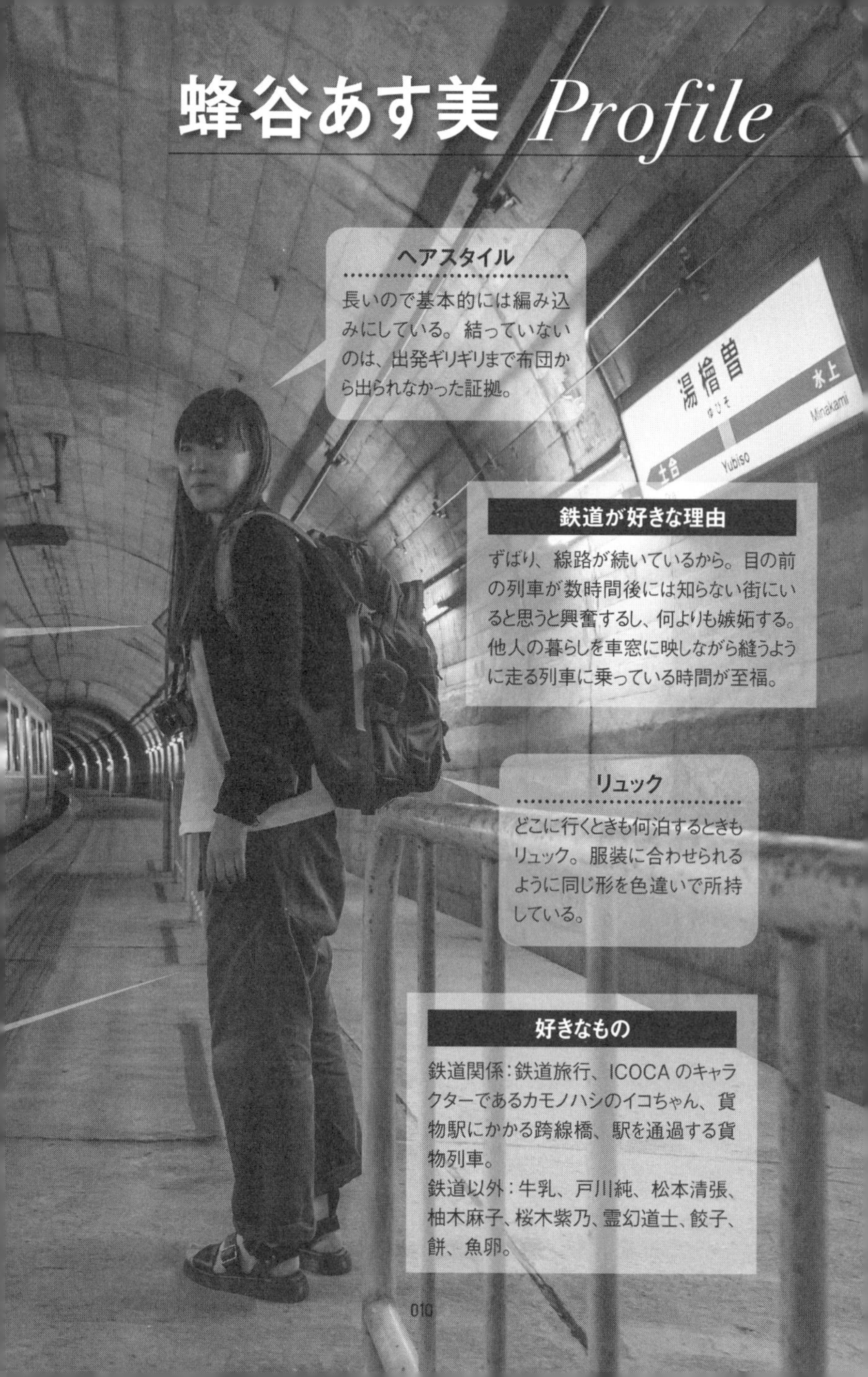

ヘアスタイル

長いので基本的には編み込みにしている。結っていないのは、出発ギリギリまで布団から出られなかった証拠。

鉄道が好きな理由

ずばり、線路が続いているから。目の前の列車が数時間後には知らない街にいると思うと興奮するし、何よりも嫉妬する。他人の暮らしを車窓に映しながら縫うように走る列車に乗っている時間が至福。

リュック

どこに行くときも何泊するときもリュック。服装に合わせられるように同じ形を色違いで所持している。

好きなもの

鉄道関係：鉄道旅行、ICOCAのキャラクターであるカモノハシのイコちゃん、貨物駅にかかる跨線橋、駅を通過する貨物列車。
鉄道以外：牛乳、戸川純、松本清張、柚木麻子、桜木紫乃、霊幻道士、餃子、餅、魚卵。

経歴

1988年福井県福井市出身。実家は越美北《えつみほく》線沿いの電器屋。母方の祖父は国鉄出身。高校時代の汽車通学時、鉄道の魅力に突如取りつかれ、鉄道雑誌をこっそり愛読し趣味をはぐくむようになる。慶應義塾大学入学後は、鉄道旅行研究会に入会し、ノリと流れで代表まで務める。大学卒業後は出版社勤務を経て、紀行文ライターに。『旅と鉄道』で「追跡！　行き当たりばったり廃線めぐり」、『鉄道ジャーナル』で「わたしの読書日記」連載中。

列車内で何をしている

ずっと景色を見て物思いにふけっている。といいたいところだけど、早朝は大概寝ている。あとは、本を読んで、時刻表と地図を見比べて、おやつをむさぼって、牛乳を飲んで、SNSに感傷的な投稿をして、そしてトイレに行く。

好きなブランド

服はヨウジヤマモト全般。帽子や鞄はニューエラ。靴はドクターマーチン（たまにアディダス）、インナーはユニクロ。

人生で感動した旅先

恐山。駅からバスで1時間近く山道を登った先に硫黄臭あふれる宇曽利《うそり》湖がいきなり出てくる。強酸性で特定の生き物以外は棲《す》めないとしながらも、透明度が抜群で、世俗離れした空間に見とれてしまった。すでに3回訪問している。

2015年1月にJR全線完乗

「気づいたら完乗してました。てへへ」と30歳くらいで言う予定だったところ、これなら行ける！ と勢いのままにガーラ湯沢駅にて26歳で完乗達成。ちなみにガーラ湯沢は冬限定で営業している駅。つまり、最後まで乗り忘れていた。

スカート or パンツ

基本は太めのズボン。時々スカート（新しいのを買うと、それを着て出かけたくなるから！）。

私が鉄道旅行をおすすめする5つの理由

こんなに好き放題自由な旅はない

鉄道旅行と聞くと、どんなイメージを思い浮かべるだろうか。一部の濃い人たち（しかも男性）が熱を上げている旅行を想像するかもしれない。けれど、鉄道旅行には性別も年齢も一切関係ないし、まして「こうあるべき」という厳しい掟《おきて》や戒律《かいりつ》も一切ない（マナーと思いやりは大事！）。

ここでは、鉄道旅行をおすすめする、そして私が鉄道旅行の虜《とりこ》になっている理由を5つにわけて紹介する。

①車内で自由に過ごせる

まず何よりも、車内で自由に過ごせること。絶対に景色を見ている必要はなくて、飽きたら寝たってまったく構わない。読書に耽《ふけ》っても、好きな音楽を聴いていても、ＳＮＳにせっせと投稿を重ねてもＯＫ。

また、車内には基本的にトイレ設備があるので、飲み食いだって自由にできるし、グループ旅行をするのなら、四六時中おしゃべりに興じている時間も楽しい。

とにかく、自分が過ごしたいように過ごせる至福の時が、車内には流れている。

②地元の人と触れ合える

レンタカーで巡る旅のとき、そこにあるのは自分だけの、あるいは自分たちだけの個室空間。旅先でありながら、プライバシーの保たれた移動ができる。また、観光バスで回るようなツアーのときも同様だろう。ただし、レンタカーや観光バスでは、各地の名所旧跡、有名施設を巡ることはできても、街の重要な要素である「人」が置き去りにされがちだ。

一方で、鉄道旅行の場合、移動手段の列車というのは、公共空間という位置づけになり、レンタカーや観光バスで回る旅行とはまったく異なる。あたりまえだけど、列車は誰でも乗降できるので、旅行者である自分以外に、地元の人たちもたくさん利用しているし、むしろ列車はその人たちのために走っているといっても過言ではない。そういった、地元の人たちの日常生活にお邪魔させてもらうこと、自分とは違うイントネーションで発せられる言葉を聞く機会が、鉄道旅行なら四六時中あふれている。

誰かにとっての日常であり、私にとっての非日常。そうした身の置き方ができるのは鉄道旅行ならでは。そんななかにあって、浮かび上がってくる「私」という輪郭を目の当たりにして、内省的になったりするのも、鉄道旅行の楽しみ方の一つだと思っている。ちなみに私は旅行中によく感傷的になっている。

③ 移動しているだけなのに「旅」になってしまう

旅行といえば、考えなくてはいけないのは「どこを見ようか」「何を食べようか」。観光ガイドブックなどを頼りに、地域の名所旧跡を調べ、ご

当地の名産品や名物を探す。それらをバランスよくどころか、爆発するくらいに盛り込んで、とにかく回りまくって、食べまくる。たくさんの観光地に足を運び、たくさんの名物をいただく。多ければ多いほど、旅行としての満足度が上がる。

そんな旅行も確かにいいのだけど、鉄道旅行では、極端に言えば、一つも観光地を巡らず、名物を食べずとも、構わない。だって、前提として、乗っているだけで勝手に列車

は移動してくれるから。こちらが何を考えずとも、「移動」という大義名分が自動的に成り立つのだ。

流れるように過ぎていくなかには、窓を埋め尽くすほど大きな海や川、あるいは険しい渓谷もある。それらをただ眺めているだけでも十分に旅といえる。また、ただただ時間の流れに身をゆだねて過ごすというのは、日常生活ではなかなかできない、かなり贅沢な時間といえる。

④ 一口に「鉄道」といってもバリエーション豊富

鉄道旅行は、列車に乗りさえすればそれでＯＫな懐の深い楽しみ方だ。それに、列車に乗る、というのも別になんだっていい。おはようからおやすみまで普通列車に乗り続ける旅も、特急列車や新幹線で大きく移動する旅も、トロッコ列車やレストラン列車といった観光客向けの列車に乗る旅も、全部「鉄道旅行」に含まれてしまう。「鉄道」という枠だけれども、そのなかにはいろんな種類の列車があり、組み合わせ次第では、いくらでも旅行のプランはできてしまう。そのなかから、自分にとって楽しくて快適なものを選び出せばいいだけのこと。

また、たくさん乗らずとも、気持ちの面で「これは私の鉄道旅行」と思ってしまえば、もうそれで鉄道旅行は成立する。乗りさえすればそれで合格！

⑤点ではない、線の旅！

先に書いたように、山河などの景色を見るのも鉄道旅行の魅力だけど、私自身が鉄道旅行趣味に取りつかれてしまっている理由は、ここにある。

街と街を結ぶようにして走る列車、都市部から田舎へと濃淡を少しずつ変えていく車窓。鉄道旅行の魅力のなかでも、私が特にうっとりするのはここだ。観光地や都市部といった点だけでなく、その間にある、各地の家並みや暮らしを、列車は平等に映し出してくれる。窓を一枚隔てた先には、知らない街の知らない空気がある。特に夕暮れ後の列車から見える、家の明かりや街の明かりは格別だ。触れたくても触れられないもどかしさに誘惑され、私は鉄道旅行を続けているのだと思う。

とはいえ、鉄道旅行に出かけるにはあれこれと準備も必要だし、不安要素も多い。そこでこの本では、それら心配事を解消しながら、自分だけのとっておきの鉄道旅行に出かけられるように、準備段階から出発後まで、順を追ってひたすらに細かく解説したい。

まずは鉄道旅行の準備の旅に出かけよう！

第1章

乗車中の過ごし方

第1章「乗車中の過ごし方」を読む前に 鉄道用語を予習しよう!

えきべん【駅弁】
駅や車内で販売する弁当。「駅売り弁当」の略称で、かつては「汽車弁」とも言われた。１８８５(明治18)年、宇都宮駅で「握り飯弁当」が発売されたのがその始まりとされる。今では、「ご当地名物」としての側面も強い。

えきめいひょう【駅名標】
駅のホームにあり、駅名を記した案内標識。中心に自駅名、左右に隣の駅名が書かれているのが一般的。ＪＲ各社、私鉄各社に独自のものが採用されている。柱用などいくつか種類がある。現在地を教えてくれる存在。

かぶりつき【かぶりつき】
もともとは、劇場で最前列の客席を指す。鉄道の文脈では、列車の先頭付近に立って、前方の景色を眺める行為をいい、この時の眺めを「前面展望」という。ちなみに最後尾から後方の景色を眺めることもある。

くろすしーと【クロスシート】
列車の座席の一つで、線路と直角に配置したシートのこと。形状によって、回転式、転換式、また固定式にわけることができる。固定式のうち、向かい合わせの配置になっているものを、ボックスシートという。

しはつえき【始発駅】
その列車の運行の起点駅のことで、自由席や普通列車による旅の場合、ここから乗ると着席率が高まる。単に「始発」とのみ示す場合は、①その駅が起点であること、②その日の一番に発車する列車の2種類の意味がある。

しゃそう【車窓】
列車や自動車などの窓のこと。ただし、鉄道趣味の分野においては、純粋に窓そのものを指すよりも、車窓から見える景色のことを意味していることが多く、

「車窓を楽しむ」といった使われ方をしている。

しゃないはんばい【車内販売】
列車の車内で、食べ物や飲料、お土産品などを販売するサービス。略称の「車販」を使う人もいる。以前は多くの特急列車や新幹線で見られたものの、最近は縮小傾向にあり、車内販売のない列車も増えている。

しんかんせん【新幹線】
JRの高速幹線鉄道のこと。現在、開業している新幹線は次の10路線。北海道新幹線、東北新幹線、上越新幹線、北陸新幹線、東海道新幹線、山陽新幹線、九州新幹線、西九州新幹線、秋田新幹線、山形新幹線。

とっきゅうれっしゃ【特急列車】
正式には「特別急行列車」という。急行列車より速達の位置づけだが、JRの定期運行の急行列車は全廃されており、普通列車と対になる言葉ともいえる。JRでは乗車に際して特急券が必要。私鉄は各社によって扱いが異なる。

ふつうれっしゃ【普通列車】
JRにおいては、運賃だけで乗車可能な列車を意味する。急行料金や特急料金が不要な快速列車も普通列車に含まれることになる。そのため、必ずしも普通列車＝各駅停車とは限らない。私鉄では普通列車＝各駅停車が多い。

ほーむ【ホーム】
正式には「プラットホーム」という。駅の構造物の一つで、人の乗降、貨物の積み下ろしに便利なように一段高くなっている場所。駅の構造によって、島式ホーム、対面式ホームなど、いくつか種類がある。

ろんぐしーと【ロングシート】
列車の座席の一つで、線路と平行に配置した長いベンチシートのこと。利点としては、車両の定員数を増やすことができるほか、乗降のしやすさが挙げられ、特に大都市圏で多く見られるが、最近は地方でも増えつつある。

乗ってるだけで、車窓がどんどん流れていく

鉄道旅行の醍醐味といえば、やっぱり車窓

列車に乗って、移動するだけで旅になる。それが鉄道旅行だ。車で旅行するときのように運転をする必要はないし、あちこち観光地を巡らなくても別に構わない。さらに言うならば、列車に乗って移動しているという大義名分が成り立っている以上、車内で特段何かをしなくてもいい。**つまり、あれこれと考えずとも気楽に過ごせる点では、究極の旅行といえる。**

また旅の目的と言えば、人それぞれだけれど、そのすべてを包括し、列車で移動さえしていれば「旅行」をしていることになる懐の深さが鉄道旅行にはある。乗車中は寝ていてもいいし、複数人で出かけるのであればおしゃべりに興じるのも楽しい。読書をして過ごしたってそれは旅になる。

とはいえ、せっかく列車に乗るのなら、その時間にしかできないことをして過ごしたいもの。それは、車窓を楽しむということだ。車窓は本来、「列車・自動車などの窓」が辞書的には正

確な意味だが、鉄道旅行の文脈では、列車の窓から見える景色を指すことが多い。車窓を楽しむとは、列車に乗っている間に見られる景色を楽しむことだ。

景色自体は、いつでもどこでも楽しむことができるけれど、そのなかにおいて鉄道の車窓が特異な点は、**こちらがまったく何もしていなくても、時間の経過、列車の進みにしたがって、どんどん景色が流れていく**点にある。移ろいゆく景色をただぼんやりと眺めて過ごす時間は鉄道旅行だからこその時間ともいえる。

もちろん車窓だけを眺めて過ごす必要はこれっぽっちもないし、したいことをして過ごせばいいのだけれど、そのなかで、ふと顔を上げれば、さっきまでとはまったく違った景色を、列車は乗客に与えてくれる。山から川へ、川から街へといった変化。あるいは、いつの間にか沈みかけようとしている太陽。そういった変化を路線という流れのなかで示してくれる車窓には、他のものとは比較しようのない、格別の魅力があふれている。

絶景シートはこうして確保

押さえるべきは海側！

鉄道旅行の醍醐味はなんといっても車窓にある。海に山に川！ 流れていく景色に身をゆだねているだけで、普段とは違った非日常の体験になりえる。知らない街、初めて聞く地名や駅名。何を聞いても見ても初めてのことなので、どきどきわくわくが連続する。

せっかくの鉄道旅行、ならば景色がいいほうの座席に座りたい。とはいえ初めての路線で、初めての列車の場合、どこに座ったらいいのか見当がつかない。そんなときに頼りになるのが『時刻表』の目次ページだ。時刻表には、日本地図に鉄道路線の書かれたページが最初のほうにある。これがなんと目次の役割を果たしているのだ。県境なども記されているので、簡易的な地図として活用することができる。

まず押さえるべきなのは、列車がどちらに向かって走っていくかということ。駅のホームには、駅名標が設置されており、真ん中には大きく駅名、そしてその左右に前後の駅名が書かれている。時刻表の地図ページと、駅名標を照らし合わせて、どちらに列車が進んでいくのかを把握しよう。そのうえで、ボックス席などクロスシートの場合、列車が進む方向と同じ向きの座席を確保するようにしたい。

また、列車に乗り込むと、座席は進行方向右側と左側に設けられている。どちらを選ぶのが適切だろうか。**海に沿って走る列車であれば、海側の座席を選びたい**。ここで再び地図を開こう。これから乗る列車は、路線のどちらが海に面しているだろうか。右側であれば右側の座席を、左側であれば左側の座席を選ぼう。

一方で、難しいのは、内陸部を走る列車。海というわかりやすいヒントが時刻表の目次ページにはない。基本的にはどちらに座ってもＯＫ！　川と並走するような路線の場合、最初は右側に渓谷を見せていても、途中で橋を渡り、絶景を反対側に明け渡すことも多く、どちらに座っていても、それぞれ絶景を楽しむことができる。

より詳細に景色を把握したうえで、座席を選ぶときには、Ｇｏｏｇｌｅ　ＭＡＰなどスマートフォンの地図アプリも有効だ。有名どころの山河が進行方向のどちらに出てくるのかを調べることができる。また、空いている列車であれば、景色のいいほうに自分の身体を移動させるのもおすすめだ。

鉄道趣味者は景色をこんな角度からも楽しんでいる

かぶりつきに挑戦してみよう

座席に座って、窓の外をぼんやり眺める。これは鉄道旅行における景色の楽しみ方の一番オーソドックスな方法だ。だけど、鉄道趣味者はこれ以外にも景色を楽しむ方法を知っている。

そのなかでおすすめなのは「かぶりつき」。かぶりつきとは、列車の先頭付近に立って、**前方の景色を眺める行為**を指す。座席からの景色は、あくまで横の景色に限られてくるけれど、かぶりつきなら、真正面の景色を大パノラマで楽しむことができる。

かぶりつきおすすめポイントはいくつかあって、たとえば都市部であれば、並行して走る何本もの線路やカーブ、すれ違い列車がおもしろい。地方のローカル線であれば、開けた景色のなかに続く一本の線路という、この先を示す象徴のような存在を楽しむのがイチオシだ。

さらに、かぶりつきは前面だけとは限らない。列車の一番後ろで行うかぶりつきも趣深い。先頭のほうはかぶりつきをする人が多く譲り合いになるけれど、後ろのほうは穴場だったりする。前方が景色を迎え撃つ感じであるのに対して、後方は過ぎていく景色、流れていく車窓に、思わず時間の経過を重ねてみたくなる。ちなみに私が後方でかぶりつきをするのは、トンネル区間が多い。トンネルの入り口が、少しずつ小さくなりながらもいつまでも見えている様子に見入ってしまう。

特にかぶりつきならではの景色が見られるのは、スイッチバックの区間だ。スイッチバックとは、急な勾配を列車が上るため、ジグザグに線路を敷いて勾配を緩めるなどの線路配置のこと。この構造は、側面の窓からは見えないので、ぜひとも積極的にかぶりついて観察したい。

また、青森・秋田県の五能《ごのう》線を走る「リゾートしらかみ」など、観光列車の場合は、列車の両端部分には指定席を設けず、誰もが利用できるフリースペースが置かれていることも多い。普通列車でかぶりつきをするのが恥ずかしい人でも、ここでなら堂々と楽しむことができる。さらに普通列車では、かぶりつきはあくまで「立ち見」になるけれど、これら観光列車のかぶりつきスペースには、ベンチシートが設けられていることもあるので、まずはこちらでチャレンジしてみることから始めよう。

座席にもいろんな種類がある

基本はロングシートとクロスシート

列車の座席にもいろんな種類がある。大都市圏の通勤列車のように、窓に背を向けて座るタイプや、特急列車・新幹線の座席など。実はこれらにはきちんと名前が付されている。

まず、座席は、ロングシートとクロスシートの2つに分けることができる。ロングシートはいわゆる通勤列車でおなじみの窓を背にしたベンチシートタイプだ。ロングシートの特徴は、1両あたりの立席定員を増やせる点と、乗降がしやすい点。最近は大都市圏に限らず、全国的に増えてきている。一方で、クロスシートとは、特急列車や新幹線の座席などでも採用されているもので、進行方向を向いている、または逆方向を向いている座席のことだ。ふだんはロングシートでも構わないけれど、旅行中はクロスシートのほうがいいな〜と思う人も多いだろう。

さらにクロスシートは、その形状によってさらに細分化することができる。特急列車や新幹線をグループで利用した時、座席横のペダルを踏んで、向かい合わせにしたことのある人もいるだろう。このように１８０度回転できるクロスシートのことを、回転式クロスシートという。

関西圏や中京圏などの普通列車には、座席の背もたれ部分を前後に倒すことができ、それによって座席の方向を切り替えられるタイプのものが数多く見られる。これを転換式クロスシートという。そのほか、最初から座席の向きが固定されているクロスシートを、固定式クロスシートといい、このうち、最初から向かい合わせになっているタイプのものをボックスシートという。クロスシートのなかでも特に、**旅気分が盛り上がるのは、このボックスシートだろう**。窓側にドリンクホルダーが設置されていることもある。

また、ロングシートとクロスシートを組み合わせたセミクロスシートというのも存在する。セミクロスシートの配列はさまざまだけれど、ドア横部分にロングシート、それ以外の部分にクロスシートを配した形式が一般的だ。

ここまで書くと、なんとなくロングシートは味気ない印象を受けがちだけれど、そんなことはない。クロスシートとは異なった魅力がある。目の前に窓があり、しかも比較的大きく作られていることから、着席していながらにして大パノラマの景色が楽しめるのだ。26ページでは、海側など、絶景座席を確保する方法を説明したが、ロングシートの場合はあえて反対側に着席したほうが、車窓を堪能できることもある。

目的別！　新幹線の座席選び

EACDBと覚えておこう

列車の座席は、何列目かを表す数字と、横並びのうち、どこに位置しているかを表すアルファベットの組み合わせで決められている。新幹線の指定席特急券を購入するとき、窓口であれば係員の人に「どのあたりがいいですか？」と聞かれるし、自動券売機であればシートマップから好きな席を選ぶことができる。では、どの席を選ぶのが正解なのだろうか。

ここでは目的別、新幹線の座席選びを説明する。まず、新幹線は、3人席と2人席が通路を挟んで横並びになっているものが基本だ（一部2人席×2人席の車両もある）。代表的な例として、現在最も運行本数の多い、東海道新幹線・山陽新幹線のN700系シリーズで説明すると次の通り。

●A席：3人席の窓側　●B席：3人席の真ん中　●C席：3人席の通路側
●D席：2人席の通路側　●E席：2人席の窓側

まず、**A席とE席は窓側であることから、景色を楽しむにはもってこいの席**。また、窓下に設置されているコンセントを使いやすい。ただ、隣に人が座ってしまうと、お手洗いや洗面所に行きづらくなってしまう。それに対して、通路側であるC席、D席は、景色はあまり期待できないし、窓側にほかの人が座っているとコンセントが使いづらいという欠点がある。特にC席の場合、コンセントまでの距離がうんと遠い。一方で、通路に面していることから、お手洗いや洗面所には行きやすいというメリットがある。残りのB席は、両端に人が座り窮屈感があるので、あまりおすすめはできない。実際、最後まで残る指定席もこのB席だ。なお、B席だけは座席幅がほかよりも少し広くなっている。といっても、それを理由としてB席を選ぶ人はこれまでに見たことがない。

このうち、**一番おススメなのはE席だ。2人掛けの窓側であり、東海道新幹線の場合は富士山を見ることができる**。次点がA席、またはC席。窓とコンセントを優先したいか、お手洗いへの行きやすさを優先するかで選んでほしい。また、同じ通路側でもD席よりC席をおすすめするのは、前述のとおりB席は最後まで埋まらず、空席の可能性が高く、ゆったり使える可能性があるからだ。なお、最近ではN700S系を始め、全席にコンセントが備わった車両も増えているため、「コンセント問題」はそこまでシビアでなくなりつつある。

普通列車と特急列車で変わる過ごし方

点を丹念に紡ぐ普通列車の楽しさ

鉄道旅行をしたことはない、という人でも特急列車や新幹線の乗車経験がある人は多いだろう。この「速い列車」に乗っている間の過ごし方といえば、駅弁を食べたり、読書をしたり、車窓を楽しんだり……とさまざまだと思う。

もちろんこの過ごし方は普通列車に乗っても変わらない。ただ、大きく違うのは、特急列車や新幹線が主要駅のみに停車するのに対して、普通列車の場合は、大きな駅も小さな無人駅も平等に停車していく点にある。特急列車は都市から都市へという感覚が強く、その間にどんな駅があるのか、どんな街があるのかはあまり気にならないけれど、普通列車の場合は、普段は意識にあがってこない、小さな点を丹念に拾いあげていく面白さがある。普段、特急列車や新幹線で乗り慣れているような区間に、あえて普通列車で乗ってみると、**知っている駅と駅の間にもこんなにいろんな駅があったのか、街があったのか、という発見ができる**と思う。

また、駅や路線によっては、特急列車の通過を待つために、あるいは反対列車と行き違いをするために、長めの停車時間が設けられていることもある。そんなとき、ホームに降り立ってみよう。特急列車なら通過していた、知らないままで過ごしていたはずの街の空気を楽しむことができる。

加えて、特急列車や新幹線が長距離を移動する人の乗り物であるのに対して、普通列車は、あくまで地元の人が普段使いに利用する乗り物だ。そのため、朝晩は通学する高校生でにぎわうし、日中も空いているとはいえ、地元の人たちが日常生活の一部として列車を利用している様子が垣間見えると思う。**自分の生活圏とは異なる人たちの生活や暮らしに触れられることも、普通列車の楽しみ**だろう。日本中、列車のあるところには人がいて、それぞれの生活を送っていることを実感すること、また、自分自身の生活を離れて、見知らぬ暮らしのなかに入り込むことで得られる非日常感、これらは特急列車や新幹線にはない、普通列車の旅だからこその魅力だ。

自由席の座席確保はこうする

始発駅で並んで待てばほぼ座れる

鉄道旅行における楽しかったと辛かったの分かれ目はどこにあるのだろうか。その境目の一つには、「座れる・座れない」があると思う。のんびり景色を見ながら過ごす時間を想像していたのに、ずっと立ちっぱなしで疲れた……とならないように、ここでは自由席の座席確保の方法を伝授する。

確実に座席を確保するための基本として重要なのは、**始発駅から乗るということ**。これは可能な限り守ってほしい。始発駅から乗るためには、時刻表を広げ、その列車の始発駅がどこであるかを調べる必要がある。しかしこれが繁忙期の場合は、始発駅であっても座れない可能性がある。ゴールデンウィークや年末年始の東海道新幹線を想像してほしい。東京駅を発車する時点で、自由席は多くの立ち客であふれかえっている。

これらを回避するための方法としては2つある。

1つ目は、**早めに駅に到着しておく**というもの。始発駅の乗り場で、誰よりも早く並んで待っていれば、確実に座ることが可能だ。

2つ目は、**1本見送って次の列車に乗る**というもの。前の列車からの接続がよく、どっと乗り換え客が詰めかけるために座れないことがある。この座席争奪列車をやり過ごし、次の列車にのんびり乗ればよいというわけだ。

ここでは2つの方法を示したが、実際にはどちらも同じこと。つまり、余裕を持って列車を待てばいい、それだけである。また、こうして余裕を持って座席を確保した場合、発車までにしばらく時間があることも多い。座席確保を優先したあとで、お手洗いに行きたい、飲み物を買いたい、あるいは列車の写真を撮りたい、といったことが出てくるだろう。でも座席を離れれば、確保した座席が別の人に奪われてしまう……という不安がある。

確保した席を離れるときには、座席に荷物を置いておこう。鉄道旅行の荷物は、貴重品を入れて常に持ち歩く用のカバンと、洗面具や着替えを入れておくリュック、あるいはキャリーバッグでの旅行が基本。貴重品の入っていないカバンを座席に置いておけば、他の人に席を取られることがないので安心だ。ただ、キャリーバッグの場合は、底面のタイヤ部分は地面を転がすことから汚れているもの。その部分を直接シートに触れさせるのはマナー違反なので避けよう。

飲み物、食べ物は事前に買おう

車内販売のある列車、ない列車

普通列車に長々と乗り続けていると、「兵糧攻め」に遭いかねない。なぜなら普通列車には車内販売がないからだ。そのため、飲み物は必ず事前に調達しておこう。特に長距離の移動の場合には、道中で何があるかわからないので、少し余裕を持って用意しておいたほうがいい。また、食事についても、どこかで食事の時間を確保しているときは別として、**パンなどの軽食は持っておいたほうがいい**。私は以前、「群馬県の水上《みなかみ》駅で乗り換えをするときに売店で何か食べ物を買おう」と予定していたのに、売店が営業しておらず悲しい思いをしたことがある。その時は駅前の土産物店でおやきを購入し、兵糧攻めを回避したのだが……。

では普通列車ではなく、特急列車や新幹線の旅の場合はどうだろうか。かつて、これらの列車はほぼすべてに車内販売があり、弁当に飲み物、土産品を購入することができた。しかし最近では車内販売を取りやめる列車がとみに増えている。**特急列車でも車内販売がないと思った**

ほうがいいだろう。

また、東海道・山陽新幹線の普通車ではワゴンによる車内販売は終了、一時期話題となった「シンカンセンスゴイカタイアイス」を車内で入手したければ、グリーン車に乗るよりほかはない。なお、車内でこそ飲食物が購入できないものの、たとえば、すべての駅に停車する「こだま」などの場合は、「のぞみ」や「ひかり」の通過を待っている時間を利用して、ホーム売店で買い物をすることも可能だ。

一方の、JR東日本エリアの新幹線は、停車駅が多いタイプなど一部列車を除いて現在も車内販売が行われている。ただし、入手できるのはコーヒーやソフトドリンク、アルコール、菓子類だけであり、駅弁をはじめとした食品の販売は行われていない。あらかじめ駅ナカの売店などでしっかり買い込んでから旅に出よう。

普通列車のなかでも、全国各地を走る観光列車については、車内に売店が設けられており、その地域の地酒や名物を売っていることも多い。こういうときは、事前に持ち込んだ軽食やパンよりも、売店での買い物を楽しみたいところだ。売店の有無、販売品目については、観光列車ごとに設けられているウェブサイトに詳しい情報が載っているので、乗車前に、あらかじめチェックしておこう。

乗車中の過ごし方 09

鉄道旅の王道、駅弁を食べる

普通列車だと食べにくい？

鉄道旅行のお供というと、まっさきに思いうかぶのは「駅弁」だろう。百貨店の催事などでも大きく展開され、入手しやすくなったが、やっぱり駅弁は列車内で食べたい。もともとはこの駅弁、駅や車内で売られている弁当のことを指していたが、最近は「ご当地色の強い食べ物」といった意味合いも増しているように思われる。その土地のものを、その土地の景色のなかで食べるのは格別のおいしさがある。

近年は廃業する駅弁業者も増えてきているものの、まだまだ各地に駅弁業者は健在。駅に行けば、普通の売店とは別に店舗が設けられていることが多い。また、東京駅には、「駅弁屋　祭」という大きな店舗があり、全国の名だたる駅弁が並んでいる。なんと遥か遠く、北海道の厚岸《あっけし》駅名物「元祖かきめし弁当」もあるから驚きだ。聞くと、これらの駅弁は新幹線で輸送されていたり、あるいは遠方のものは首都圏で調理されたりしているそうだ。

ご当地の名物が並んだ駅弁、特急列車や新幹線であれば、前面のテーブルを広げて、楽しくいただくことができる。数こそ減ったものの、飲食物の車内販売も行われているし、堂々と食事をとることが可能だ。

一方で、普通列車の場合はどうだろうか。混雑する通勤時間帯の列車で食べるのは控えたほうがいいのはもちろんのこと、お昼時であってもロングシートの座席だと、なかなか食べづらい。実際、鉄道趣味の仲間の間でも、ロングシートで駅弁を食べることについては議論の分かれるところだ。ただこれがひとたびクロスシート、特にボックスシートになってくると話は変わってくる。周りを見ていると、弁当の包みを解く人が多い。実際に私自身も**ロングシートだと食べづらいものの、ボックスシートだと躊躇《ちゅうちょ》なく食べることができる**。ただ、弁当はにおいがそれなりに発生するものなので、混雑時は食べないようにするのがマナーだろう。

ここで一つ、首都圏の普通列車で、堂々と駅弁を食べる技をご紹介する。それはグリーン車に乗るという手段。首都圏でも東海道・宇都宮・高崎線などの比較的長距離を走る普通列車には、回転式クロスシートのグリーン車を連結しているので、駅弁を食べたいときはこちらを利用しよう。ソフトドリンクやアルコールの車内販売も行われている。

列車の窓を開けてみよう

風を感じて旅をする

ここまでいろいろと普通列車の楽しみ方を紹介したけれど、実はこれだけにとどまらない。一部の車両だけではあるものの、普通列車の中には窓が開くものも存在しているのだ。しかもこの窓、乗客が自由に開閉できてしまうので嬉しい。

窓の開け方は車両によって異なるが、上から押し下げるタイプ、または下から押し上げるタイプのどちらか。新しい車両は前者が多く、古い車両は後者が多い。混雑している、あるいは空調の効いている車内で窓を開けると、他の乗客の迷惑になることがあるので、**空いているタイミングを見計らってそっと開けてみよう。心地良い風が車内に飛び込んでくる。**

風を感じる以外にも窓を開ける楽しみはある。車窓の写真を撮るとき、窓の汚れだったり、色味だったりが気になることもある。そんなときには、窓を少しだけ開けてそこから撮影するのがおすすめだ。景色が、そのままの色で私たちを楽しませてくれる。

もちろん、列車であってもルールは車と同様。窓から、手や顔を出すのはNGだし、腕を伸ばしてカメラを押し出すのも危険行為だ。窓枠からはみ出ない範囲で楽しもう。

また、特急列車や新幹線では、基本的に座席は進行方向を向いている。ボックスシートの普通列車でも進行方向を向いて座るのがメインになってくるけど、たまには逆向きにも座ってみよう。景色が後ろへ後ろへと遠ざかる様子も案外面白いし、背中側から進むのは他の乗り物だとなかなか経験することができない。ある意味、これも鉄道旅行ならでは楽しみ方のひとつだ。

鉄道旅行の目的、乗車中の楽しみ方は、人によってそれぞれだし、とっておきを見つけられる裁量度が列車は大きい。他の人の迷惑にならない範囲でどう過ごそうが、それは自分の自由だ。景色を見るのも、窓を開けるのも、思い切って寝こけてしまうのも、あくまで過ごし方の一例にすぎず、「正しい過ごし方」ではない。ぜひとも、旅の中でオリジナルの楽しみを見つけてほしい。

列車のトイレ事情は知っておこう

トイレなし列車には気を付けて

長時間列車に乗るときに気になるのは、食事事情とトイレ事情だ。食事については駅であらかじめ仕入れておけば問題がないとしても、トイレについてはそういうわけにもいかない。最近の特急列車や新幹線は、広々としたバリアフリータイプや、ウォシュレット付きのものも増えてきているが、普通列車はどうだろうか。

基本的に**長距離を走る普通列車にはトイレ設備が設けられている**。ただ、すべての車両にトイレがあるわけではなく、列車内に1カ所だったり、2カ所だったりということが多い。かなり端のほうに設けられている場合もあるので、長めに乗ることを予定しているときは、なるべくトイレに近い車両を選ぼう。トイレの位置については、車内の掲示やアナウンスで案内がある。また、外から車両を見たときに、車両の端の部分に窓がない、あるいは窓があったと思われる形跡が見られたらそれがトイレの場所だ。

多くの場合、トイレは洋式タイプであるものの、国鉄時代の車両など、**ちょっと古い列車になってくると、まだまだ和式タイプが現役だ**。トイレの使用は、列車が動いているときでも、駅に停車中でも、いつでも利用はできるものの、運行中に和式トイレを使用する際は、必ず手すりにつかまろう。でないと、大きな揺れ、急停車のときに……。

前述のとおり、長距離を走る列車にはトイレ設備があると書いたものの、残念ながら未設置の列車もある。まず、JR四国を走る普通列車。これらは、基本的に「トイレはないもの」と考えておいたほうがよい。私は人よりもトイレが近いタイプの人間なので、四国を鉄道旅行するときは「飲んだら乗らない、飲むなら乗らない」をモットーにして、むやみやたらに飲料を取らない。どうしても我慢できないときは、運転士に伝えれば待ってくれることもあるそうだ。

また、首都圏や関西の大都市圏を走る列車には基本的にトイレがないことが多い。本数が多い区間なので、いったん下車して駅のトイレに行けばいいだろう。

このほか、おそらく東北エリアで唯一トイレなしローカル線なのが山形県の左沢線《あてらざわせん》。対して、JR西日本エリアの非電化路線で活躍するキハ120形はもともとトイレがなかったものの、今から20年ほど前に設置工事が行われ、快適なローカル線旅ができるようになった。

寝るのもまた旅の楽しみ

ただし寝過ごしには気を付けて

レンタカーで移動する旅の場合は、自分で運転をしなくてはいけないので、寝ることはできない。また、同行者が運転してくれるときでも、寝るのは申し訳ない。そういった遠慮が一切いらず、眠かったら寝てしまえるのが鉄道旅行の魅力だ。別に四六時中景色を見ている必要はなく、乗ったら好きなように過ごせる自由度が嬉しい。

私自身、出かけるときは早朝出発が多く、起き抜けのぼんやりとした頭で列車に乗る羽目になるので、最初の列車では大概寝ている。東海道本線などでスタートするときは、グリーン車に乗り、少しでも快適な睡眠環境づくりに努めるくらい、意識的に寝ている。また日中の移動中でも、景色を見たり、本を読んだり、あるいは眠気に任せてうつらつらと寝こけたりなど、とにかく自由に過ごしている。**鉄道旅行の場合、「移動している」という大義名分があるので、それ以外は何をしていようがそれは自由だ。**必ず景色を見る必要があるわけではない。

ただし、気をつけてほしいのは、寝過ごしだ。特に本数が少ない路線で旅をする場合、寝過ごして乗り換えの駅を過ぎてしまうと、取り返しのつかない事態になってしまう。私自身、東海道新幹線で移動するときは、「寝過ごしたら新大阪、いや、博多まで行ってしまうんやぞ！」と自分に言い聞かせて、細心の注意を払うようにしている。といっても寝てしまったら注意のしようがないのだけど。

もちろん対策は十分にし、目覚ましをかけている。列車内はどこであっても携帯電話をマナーモードにしておくのが鉄則なので、大きな音の鳴る目覚まし時計は使えない。代わりに使うのが、スマートフォンの目覚まし時計アプリだ。その多くが無料で利用できるほか、機種によってはあらかじめ目覚まし時計アプリがインストールされていると思う。このうち鉄道旅行に**おすすめなのは、「バイブレーション機能」が使えるもの**。私の具体例を示すと、目覚まし時計アプリをセットしておき、時間がきたら音が鳴る代わりにスマートフォンが振動する設定にしておく。そしてスマートフォンを手に持って眠りにつく。これまでのところ、手元の振動で目覚めることができており、寝過ごしたことは一度もない。

ゴミはゴミ箱、もしくは駅のホームへ

ゴミの放置は厳禁!

それはあるときの鉄道旅行のこと。私が一人でボックスシートに座っていたところ、女性3人組に取り囲まれた。彼女たちは、おもむろに駅弁を食べ始めた。私は進行方向窓側に座っていたため、意識せずとも彼女たちの談笑しながら食事を取る様子が視界に入ってくる。みなそろって登山ルックスに身を包んでいたことから、「さてはこれから山登り」と内心思った。

こうして取り囲まれるようなポジションでいくらかの時間が過ぎ、やがて彼女たちは下車していった。その後、座席下に残されたのは弁当のゴミだった。スーパーのレジ袋にまとめられていたけど、「え、山登りするような人たちがなんでゴミを放置していくの???」とよくわからなくなった。

これは私の実体験だ。何を言いたいかというと、車内で出たゴミは放置してはいけないということ。**車内備え付けのゴミ箱、それがない場合には一緒に下車して、ホームにあるゴミ箱に**

捨てるのがマナーだ。なんて当たり前のことを書いているのだろうかと疑問を持つ人がいるかもしれないけど、趣味と人生の大先輩によれば、昭和のその昔は、車内で出たゴミはそのまま床に転がしておくのが普通だった時代があるとのこと。女性3人組が弁当のゴミを放置したのも、おそらくは当時の感覚なのだろうなあと今なら合点がいく。

旅行の荷物については第4章で詳しく解説するけど、車内で出たゴミをまとめるときには、レジ袋が役に立つ。荷物に2枚ほど入れておこう。

また、あくまで車内は公共空間なので、他の人の迷惑になる行為は避けよう。たとえば、キャスターつきのキャリーバッグをそのまま床に置いておくと、転がっていく可能性があるし、何より通行の妨げになることが多い。極力頭上の荷棚に載せるように心がけよう。もちろん、混雑している車内では座席を譲り合うことも忘れずに。都市部の列車も地方の列車も、ルールは同じだ。

旅の恥はかき捨てというけれど、マナーを守って、自分たちにとっても、同乗している他の人にとっても、楽しく後味のすっきりした旅になるように意識して過ごそう。

混雑しているときには譲り合って席を空けよう

列車はあくまで地元の人のもの

列車に乗っているとき、カバンなどはどこに置いているだろうか。車内が混んでいないときは隣の座席に置いても差し支えないけれど、混雑したら膝の上、または荷棚の上に移動させよう。

また、ボックスシートを2、3人で使っているグループに見られるのが、席を占領してしまっていること。4人の定員なので、譲り合いが重要だ。

さて、このボックスシート、一人ずつ座っていく様子を見ていると、法則があることがわかる。最初に進行方向の窓側が埋まる。続いて、やってきた人はその対角線、つまり逆向きの通路側に着席する。3人目はというと、進行方向の通路側、最初に座った人の隣に収まる。そうなると空いてしまうのが進行方向と逆向きの窓側になる。ここがエアポケットのようにぽつっと空いていても、後から乗り込んできた人にはいささか座りづらい。多くの人が着席できるように、通路側の人が窓側に詰めよう。これもまた譲り合いだ。

もし2人組で旅行しているときにボックスシートを利用する際は、**窓側を2人で使うのをおすすめする**。こうすると、後から乗ってきた人が座りやすいし、窓側のドリンクホルダーを使うことができるからだ。

また、初めて乗る列車で大いに興奮するのはいいのだけれど、興奮しすぎて他の人、とくに地元の人に迷惑をかけるのだけは避けたい。あくまで列車は地元の人のもの。たとえば、学校帰りの高校生でぎゅうぎゅう詰めのなかで駅弁やおつまみを食べたり、アルコール類を摂取したりするのは控えよう。いうまでもないけれど、車内でのおしゃべりの大きさにもご注意を！

一方で、列車に乗り込んで、こちらが困るときもある。それは**指定席に向かったところ、すでに別の人がいるとき**。多いのは、グループ旅行で席が離ればなれになった場合に、空いているからとその席に座っていること。これに加えて、座席が向かい合わせに転換されているなんてこともある。こういったときは、自分の席であることをきちんと主張し、席を空けてもらおう。

時刻表があると、停車時間がわかる！

時刻表名探偵になろう

普通列車の場合、一駅ずつ丹念に到着、発車を繰り返していくのだが、ときには特急列車の通過待ち、単線区間なら反対列車との行き違いや、新幹線との接続待ちなどのために**1つの駅で10分以上停車することがある。**長めの停車時間があれば、その間に駅スタンプを押しにいったり、あるいは駅のお手洗いを利用したり、売店で買い物をしたりと駅を活用することができる。

さてこの停車時間、極端なものだと30分以上にわたることがある

〈長時間停車する例〉

- 宗谷《そうや》本線名寄《なよろ》発稚内行き：音威子府《おといねっぷ》駅で61分停車
- 羽越《うえつ》線新津発酒田行き：村上で58分停車
- 陸羽《りくう》東線小牛田《こごた》発新庄行き：古川駅で29分停車
- 身延《みのぶ》線甲府発富士行き：身延駅で40分停車

極端に長い停車時間が設けられているのは、基本的に主要駅でのこと。そのため、時刻表上では到着時刻と発車時刻が記載されており、それによって停車時間を容易に割り出すことができる。

一方で、ここまで極端ではないものの、**小さな駅で長めの停車時間を設けることがある**。ただ、小さな駅の場合は、時刻表に発車時刻の記載はあれども、到着時刻は載っていない。しかし実は、ある程度は到着時刻を推測することが可能だ。

図は、根室本線の新得〜帯広の普通列車の時刻を抜き出したものだ。まずAを見ると、御影を発車した24分後に、次の芽室を発車していることがわかる。続いてBでは、御影を発車した15分後に芽室を発車、さらにCでは御影を発車した30分後に芽室を発車している。Bにくらべて、AやCは時間が明らかに長いことがわかるだろう。ここに長めの停車時間が潜んでいることになる。すなわち、この3本の列車の時刻から、芽室〜御影は少なくとも15分で移動すると、BやCで余計にかかっている分は「停車時間」に充てられるわけだ。

ちなみに、さらにほかの時刻を見ると御影発〜芽室発が最短11分の列車も見つかるので、実はAにも4分程度の停車時間が設けられていることがわかる。

こういった「少し長めの停車」は全国あちこちで行われている。

	A	B	C
新得　発	1645	1857	2009
十勝清水	1654	1905	2017
御影	1704	1917	2027
芽室	1728	1932	2057
大成	1732	1935	2100
西帯広	1738	1944	2105
柏林台	1742	1949	2111
帯広　着	1746	1954	2115

トイレについてもっと伝えたいこと

列車のトイレは男女兼用

44ページでは、鉄道旅行のお手洗い事情について紹介した。多くの列車にトイレは完備されている。ただ普通列車の場合は、男女兼用が当たり前なので、もしこういった点を気にするのであれば、あらかじめ駅で済ませておくに越したことはない。

また、揺れる列車で、特に和式のお手洗いを利用する場合、手すりにつかまっていても、これが結構不安定だ。ひらひらとした服、あるいはロング丈のスカートやワンピースを着ていると、床に衣類がつかないかなど気にすることが多い。この点も旅の服装選びでは考慮したほうがいい。

一方で、駅でお手洗いを済ませておく、またはお手洗いの時間を乗り換え時に確保しておくときの注意点として挙げておきたいのは「考えるのは皆同じ」ということ。つまり、駅のトイレは混んでいることが多い。私の経験では、特に平日の通勤時間帯、それから**土休日や祝日な**

どの繁忙期は長蛇の列ができるほどだ。また、主要ターミナル駅のお手洗いも混雑する。そのため、お手洗いの時間については、少なくとも15分程度は見積もっておくと、気持ち的にも焦りがなくて安心すると思う。

それから、運行中の車内でお手洗いに行っている間に座っていた席が埋まっていたら……という不安があると思う。このときおすすめなのは、貴重品を除いた荷物を座席に置いておくこと。ただ、混雑しているときにそれをやると少し感じが悪くなるので、自分の身体と相談しながら臨機応変に対応しよう。

また、45ページに書いた通り、お手洗い設備のない列車もあちこちに走っている。以前、JR四国の予讃《よさん》線の普通列車（トイレなし）に乗車していたとき、どうしても我慢ができなくなったことがある。このとき私はまず、時刻表で少し後に特急列車があることを把握した。そのうえで特急停車駅にて下車し、駅のお手洗いを利用。やってきた特急列車に乗車して、先に乗っていた普通列車に追いつく駅で再び乗り換える方法で尊厳の危機を回避した。特急料金分が痛かったけど、こういった危機脱出方法もあるので、ご参考に。

ホームで受け取る⁉　亀嵩駅のそば

駅そばが車内で食べられる！

駅そばというと、ホームで立ち食いスタイルというのが定番。しかし、そんな常識を覆すのが、木次《きすき》線亀嵩《かめだけ》駅にあるそば屋「扇屋そば」だ。亀嵩駅は、松本清張の『砂の器』の舞台としても知られることに加えて、鉄道ファンにとっては、「亀嵩駅そば弁当」が有名。なんと、列車までそばを届けてくれるサービスなのだ。

注文方法はとっても簡単！　あらかじめお店に電話をし、列車の乗車日、乗車時間、購入数を伝えておく。当日は、亀嵩駅が近づいたら列車の後ろのドアに移動して待機しよう。亀嵩駅に列車が停車するわずかな時間に、お店の人からそば弁当を受け取るとともに、代金を支払う。１人前は７５０円（２０２４年12月現在）、大盛は１０００円だ（２０２４年12月現在）。

JR木次線亀嵩駅そば弁当（写真提供：扇屋そば）

このそば弁当、手打ちのそばがおいしいのはもちろん、嬉しいことに山芋のとろろと温泉卵までついてくる。列車内でそばを食べるという不思議で楽しい経験をぜひとも味わってみてほしい。

また、列車で弁当の受け渡しを行える駅は他にもいくつかある。有名なのは、北海道は根室本線の池田駅。池田はワインの有名産地だ。駅前には「レストランよねくら」というステーキ店があるのだが、実はこのお店には〝駅弁屋〟の表情もあり、「十勝ワイン漬ステーキ弁当」を製造している。基本的には駅構内での販売は行われておらず、直接店舗まで買いに行く必要があるものの、あらかじめ電話予約しておくことで、そば弁当同様に列車のドアまで運んできてくれる。弁当でありながら、焼き上げられたばかりの肉厚ステーキを、雄大な北海道の景色とともに頬張る時間は至高！　この区間を走る列車は、ボックスシートなので旅情も豊かだ。

列車で弁当の受け渡しを行ううえで、注意しておきたいのは、停車時間がわずかであり、その間に素早く支払いを行わなくてはならない点。そのためおつりなんてもってのほか。ちょうどの金額をあらかじめ用意しておこう。

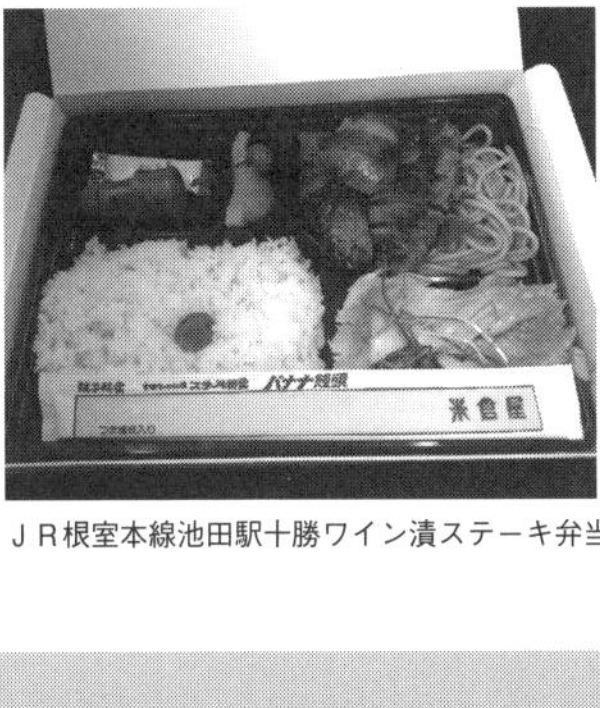
ＪＲ根室本線池田駅十勝ワイン漬ステーキ弁当

おさらい鉄道クイズ＆蜂谷プライベートクイズ

第1章「乗車中の過ごし方」編

第1問　新幹線でトイレに行きやすい席はどこか

①A席　②B席　③C席

第2問　列車の一番前から景色を楽しむことを何というか

①かぶりつき　②かじりつき　③パノラマ

第3問　列車トイレで蜂谷が経験したことはどれか

①ドアを開けたら人が用を足していた（施錠されてなかった）
②スマートフォンを落とした
③紙が切れていて焦った

答え　問1：③　問2：①　問3：①

第2章

旅行計画の作り方

第2章「旅行計画の作り方」を読む前に
鉄道用語を予習しよう！

あいしーかーど【ＩＣカード】
鉄道の文脈では、交通系ＩＣカードのこと。改札機にタッチするだけで乗降でき、定期券機能を付けられるほか、店舗で使える電子マネー機能を持っている。Ｓｕｉｃａ、ＩＣＯＣＡなど、名称は異なるが、多くの場合相互利用できる。

きじょうりょこう【机上旅行】
時刻表を眺めて、旅の行程表を作ってそれを楽しむこと。行ったつもりになること。松本清張の小説『点と線』にも登場する。なかなか旅行に行けない人や、一人で遠出のできない子どもたちから人気が高い。

こうていひょう【行程表】
旅の全体を示す設計図のようなもの。鉄道旅行の場合は、何時のどの列車に乗るかといった点について、丁寧に書いておいたほうが出かけてから大いに助かる。また、作成に際しては、エクセルを使うと便利。

じこくひょう【時刻表】
鉄道やバス、航空など、公共交通機関の時刻をまとめたもので、この場合は、冊子になっているものを指す。現在は、交通新聞社、ＪＴＢパブリッシングの２社から出ているものが一般的で、どちらを使うかの派閥もある。

しゅうゆう【周遊】
各地を旅行して回ること。鉄道旅行は、家と目的地の単純な往復よりも、列車でぐるっとあちこちを巡る周遊旅行になることが多いし、そのほうが楽しい。かつては「周遊券」という便利なきっぷも存在した。

すどまり【素泊まり】
旅館やホテルなどで、食事を付けず、寝るだけの宿泊のこと。早朝に出発する鉄道旅行だと、朝食をとっていると列車に乗り遅れるため、しばしばお世話になる。ただ最近は「朝食無料プラン」が多く、なんとなく切ない。

ぜっけい【絶景】
景色のなかでも、極めて優れたもの。かつて国鉄は、絶景のなかで最も素晴らしいものを「日本三大車窓」として制定した。そのうち１つは廃線となっている。残る２つは、篠ノ井線姨捨《おばすて》と肥薩線矢岳《やたけ》駅付近。

ちいさなじこくひょう【小さな時刻表】
ＪＴＢパブリッシングが季節ごとに刊行している時刻表。その名の通り、サイズが小さいのはもちろん、文字も非常に小さく、老眼だと見えない。その代わり、大きいサイズの時刻表と同じだけの情報量を誇る。

のりかえあぷり【乗り換えアプリ】
出発駅と目的駅を入力することで、経路や時間、運賃を算出してくれるスマートフォン用アプリケーションのこと。その多くは基本機能が無料で使える。また、各社ごとに検索機能を付け、差別化を図っている。

ほてるしゅくはくよやくあぷり【ホテル宿泊予約アプリ】
ホテル、温泉旅館などを検索し、料金やサービスなどを見比べたうえで予約、決済までできるスマートフォン用アプリケーションのこと。安い順、駅から近い順、評価の高い順など、さまざまな角度から比較することができる。

りょこうけいかく【旅行計画】
どこに行き、何をするかといったものを示す、旅の全体概要のことで、リスキーな旅をしたくなければ、ある程度は考えておく必要がある。旅よりも、旅行計画を考えているときのほうが楽しいという人もいる。

りんじれっしゃ【臨時列車】
特定の日や期間だけに走る列車。ＧＷや年末年始などの帰省シーズンになると本数がいつもよりもぐっと増える新幹線が一番わかりやすい例。そのほか、さまざまな理由で走る。逆に、毎日走るのを「定期列車」という。

旅行計画があると、旅はずっと盛り上がる

たとえば旅先でレンタカーを

「旅行するよりも、計画を立てているときのほうが楽しい」

鉄道旅行を趣味としている人のなかには、こういう人が少なからずいる。また、空想旅行、あるいは妄想旅行と称して、実際には出かけないけれども、時刻表で行程を組み立てて、それで旅行の気分を味わっている人もいる。もっとも、これらは手慣れたベテランの人たちの話であって、一般的には「行程を作る」というのは、かなり難易度が高い。なにせ、考えなくてはいけない要素がたくさんありすぎるうえに、何から手を付けたらいいのかわからないからだ。けれども、鉄道旅行においては、この旅行計画がとっても大切で、**旅行計画がないと道中で路頭に迷う可能性だってある。**

たとえば旅先でレンタカーを借りるタイプの旅行なら、ガイド本に乗っている店や施設を時間の許す限り、ぐるぐると自由に回ることができる。その点では、「出たとこ勝負」というか、

現地で残り時間と相談しつつ、「次はどこに行くか」を考える余裕はたっぷりあるだろう。

一方で、これが鉄道旅行となると、列車はダイヤにしたがって私たちの都合お構いなしに走っているという大前提があり、それが大きな制約となってくる。「この街、気になったから降りてみよう！」と気持ちの赴くままに下車してみたら、次の列車は数時間後、周辺に飲食店はおろか、無人駅のためにお手洗いもなく……ということにもなりかねない（知人の経験談）。

加えて、重要なことがもうひとつ、長時間列車に乗り続けていると、食事を食べそびれる兵糧攻めという悲しい目に遭遇する可能性も出てくる。少し前の特急や新幹線では、「車内販売」が充実しており、駅弁でもおやつでも飲み物でも、車内で入手することができたけれども、最近では、これらは減る一方だし、まして普通列車だったら、そもそも車内販売がない。長時間の乗車中、お腹を空かせたままだったら、せっかくの景色も楽しめないし、少し切ない。

そんなわけで、**あらかじめ列車の時刻を調べておき、また、どこで食事をとるか、または車内で食べるのであれば、どこで調達しておくのか決めておくのは、鉄道旅を楽しいものにするうえで避けては通れない**。また、もっと重要な理由もあるので、これは次のページでご紹介する。

行程を作るには理由がある

プランを決めてからきっぷを買おう

前のページで、旅行計画が重要である理由を2つご紹介したが、実はそれだけではなく、もっと重要な理由がある。それは、**鉄道旅行をするうえで、絶対必要なのが「きっぷ」で、このきっぷを購入するにあたり、なくてはいけないのが、旅行計画**だということ。

最近はSuicaやPASMO、ICOCAといった交通系ICカードがすっかり浸透しているので、都市部に住んでいる人の中には、久しくきっぷを買っていない人がいるかもしれない。

「旅行でも、ICカードを使えば楽なのでは？」

しかしこれが大きな落とし穴！　ICカードの導入エリアはここ数年で急速に広がったものの、エリアをまたいでの利用ができなかったり、実はまだまだ導入されていないエリアがたくさんあったりするなど、意外に制約が多いのだ。

たとえば、東京から静岡まで行くとする。東京〜熱海は、ＪＲ東日本エリアであるのに対して、熱海〜静岡はＪＲ東海エリアと、運営会社が異なっている。そのため、東京駅で改札を入るのに使ったＳｕｉｃａを静岡駅の改札にタッチしても、エラーが出て、改札の外に出ることができず、窓口で対応することになる。こんな具合なので、移動距離の大きな旅行ではＩＣカードは使えないものと思ってもらいたいし、ＩＣカードが使えないとなれば、自ずと紙のきっぷを買い求める必要がある。

さてこのきっぷ、一般的なものであれば**「どの駅からどの駅まで」と区間が決まっていないと買い求めることができない**。つまり旅行計画があって、初めてきっぷを手に入れることができるのだ。

きっぷの種類については、１０２ページで詳しく説明するものの、たくさんの「お得なきっぷ」が世の中には存在している。組み合わせ次第では、その都度「○○駅までのきっぷをください」と買い求めるよりも、ずっとリーズナブルに旅をすることができる。

どんなきっぷを用意しなくてはいけないか、どのきっぷを使うか、そういったことを決めるうえでも、旅行計画はマストだし、旅行計画があるからこそ、お得に旅できる可能性だって十二分にある。

まずは乗り換えアプリを使ってみよう

一瞬で旅行計画が完成する優れモノ

実際に旅行計画を作ってみよう。鉄道旅行の旅行計画は「何時にどの列車に乗るか」を決めていくこと。つまり、列車の時刻を調べることで、ツールは**①乗り換えアプリ、②時刻表**の2つがある。乗り換えアプリとは、出発駅と到着駅とともに「出発時間」や「到着時間」を入力すると、それに応じて最適な経路を導いてくれるうえに、必要な運賃まで教えてくれるツールだ。有名なのは次の4つ。

①ジョルダン「乗換案内」②「駅すぱあと」③「駅探★乗換案内」④「乗換ナビタイム」

どのアプリも創意工夫がなされていて、無料で細かい設定ができるので、自分に合いそうなものを選ぼう。ちなみに私は、駅探を利用している。理由は……シンプルだから！

試しにアプリで「東京から大阪までぶらり鈍行（普通）列車の旅」の計画を作ってみようと思う。やりかたは簡単、検索ページで、出発駅に「東京」、そして到着駅に「大阪」と入れ、出発したい時刻、または到着したい時間を選ぶだけ！　ただ、今回は「鈍行列車の旅」としているので、事前に設定で「有料特急、新幹線を使わない」としておく必要があるのだけはご注意を。また、あまり早朝出発にしてもつらいので、ここでは出発時刻を8時に設定しておく。

その結果、実際に出てきた経路と時間は図の通り。

乗換４回　運賃 8910 円　所要時間 8 時間 57 分

0815 発　発　東京（10 番ホーム）
JR 東海道本線熱海行き（1 時間 51 分）
1006 着
1016 発　熱海（移動 1 分、待ち 9 分）
JR 東海道本線　普通浜松行き（2 時間 24 分）
1244 着
1246 発　浜松（移動 1 分　待ち 1 分）
JR 東海道本線　普通豊橋行き（32 分）
1318 着
1332 発　豊橋（移動 1 分　待ち 13 分）
JR 東海道本線　快速米原行き（2 時間 8 分）
1540 着
1547 発　米原（移動 1 分　待ち 6 分）
JR東海道本線　新快速播州赤穂行き（1時間25分）
1712 着　着　大阪（5 番ホーム）

なんと、**発駅と着駅、それに出発時刻を入れるだけで、完璧な旅行計画が完成してしまったうえに、運賃まで判明してしまった。**これで旅行計画は完成……！　ともいえる。

ただ、この行程をみると明らかなのだが、まったくもって休憩がなく、ひたすら乗り換えに乗り換えを重ねるというハードな行程。昼食の時間も一切考慮されていないのだ。なぜなら、**乗り換えアプリは「最適」な経路を導くのは得意だけれども、必ずしもそれが「快適」とは限らない**からだ。

行きたいところと行きやすいところ、どちらを優先するか

まずは駅から徒歩圏内で観光できるところにしよう

旅行というと、行きたいところや見たいところが間欠泉のように湧き出してきて、収拾がつかなくなることもある。鉄道旅行は、車内ではどう過ごしてもよい点では自由だけれど、一方で車のような移動の小回りが利かない欠点があり、悔しいけれどその点では不自由で、駅から遠いところに行こうと思うと、ハードルが上がってくる。

有名観光地だと、路線バスが運行しているけれど、必ずしも列車の時間に連動しているとは限らない。私自身、「あと5分バスが遅く発車すれば間に合うのに！」と思った経験は数知れず。また、路線バスの時間を考慮しはじめると、行程作りもやたら険しくなるので、まずは駅から簡単に行ける名所や観光地を巡ることからはじめてみよう。

〈駅から行きやすいおすすめ観光（主観と経験に基づく）〉

・**小樽**（北海道、函館本線）→小樽運河やガラス細工、海鮮丼などが駅から徒歩で回れる

- **不老ふ死温泉**（青森県、五能線）↓艫作《へなし》駅から徒歩圏内。海に突き出た露天風呂が最高
- **角館**（秋田県、秋田新幹線ほか）↓武家屋敷などの観光地がギリギリ徒歩圏内
- **盛岡**（岩手県、東北新幹線ほか）↓駅近で名物の冷麺、わんこそばが堪能できる
- **石巻**（宮城県、仙石線ほか）↓石ノ森萬画館
- **宇都宮**（栃木県、東北本線ほか）↓駅にも駅周辺にも餃子店がたくさん
- **小田原**（神奈川県、東海道本線ほか）↓小田原城まで徒歩10分
- **金沢**（石川県、北陸新幹線ほか）↓繁華街の香林坊《こうりんぼう》まで、〝都会の人なら〟歩ける
- **長浜**（滋賀県、北陸本線）↓長浜城まで徒歩5分、長浜鉄道スクエアなど、見所たくさん
- **嵯峨嵐山**（京都府、山陰本線）↓嵯峨野トロッコ列車乗換駅
- **奈良**（奈良県、奈良線ほか）↓奈良公園の玄関口（少し歩く）
- **姫路**（兵庫県、山陽本線ほか）↓姫路城まで1キロ弱
- **呉**（広島県、呉線）↓ミュージアム系が徒歩圏内に充実
- **宮島口**（広島県、山陽本線）↓名物のアナゴ丼の店が並ぶ、宮島へは15分間隔のフェリーあり
- **長崎**（長崎県、長崎本線ほか）↓繁華街まで路面電車が走っている

宿泊先は「駅から近い順」検索で

理想的な距離は駅から200メートル圏内

66ページで経路を組み立てることができたら、次は宿泊先を決めることになる。このときにおすすめなのも、やはりアプリだ。条件に合った宿一覧のなかから選ぶことができ、予約まで一気に行える。

〈個人的おすすめの予約アプリ〉

①楽天トラベル　②じゃらん

どちらも機能的にも宿泊料金的にも大差はないものの、一方で〝満室〟となっていても、もう一方で〝空室あり〟となっている可能性があるので、両方をインストールしておくのがおすすめ。そのほかにも、アプリはあるけれども、基本的にはこの2つがあれば大体事足りる。ちなみに私は、最初に使い始めたのが「じゃらん」なので、今もそのままメインで使用している。宿泊に応じてポイントがたまっていき、それが宿泊料金の割引に適用できるのもおいしい。

では肝心の予約の方法に話は移る。以下、私が普段使っているじゃらんに基づいて話を進めていく。まず、アプリを開いたら、宿泊日、人数、目的地を入力していく。このときポイントなのが、目的地を「市区町村」などにするのではなく、**「駅名」にするところ。これにより、検索結果一覧には「駅からの距離」も表示される。**仮に駅の位置する市内の宿であっても、何キロも離れているような場所では、鉄道旅行においては実用的ではないからだ。

こうして、必要事項を入力していくことで、駅からの距離とともに宿一覧が出てくる。個人的には、駅から200メートル圏内の宿を選ぶことが多い。この距離であれば10分以内でたどり着けるからだ。ただ、繁華街が駅から離れた場所にある街の場合だと、それに伴って宿の多くが駅から離れた場所に位置していることもあるので、タクシーの利用も念頭に置くようにはしている。

また、**宿のプランは、同じ部屋であっても、「朝食付きプラン」と「素泊まりプラン」の2種類が設けられていることが多い。**楽なのは宿で朝食をとってから出発するものだけれど、早朝の列車に乗る場合は、宿の朝食開始時刻より早い出発も多いので、その場合は素泊まりプランを選ぼう。プラン内には朝食時間が何時からか書いていないこともあるが、だいたいのところは7時~9時に設定されている。宿によっては素泊まりで予約しておいても、宿泊当日に、フロントで朝食を申し込むことも可能だ。ただし少し割高になることが多い。

旅の行程管理はエクセルがおすすめ

路線名と行先を書いておけば、現地で迷わない

どの列車に乗るか、どこに宿泊するかなどが決まったら、これを「行程表」に落とし込んでいこう。その時におすすめのツールは、エクセル。私も、取材や旅行に出かける際には、あらかじめエクセルで行程表を作成し、印刷して持ち歩いている。**エクセルで作成するメリットとしては、行程を作ったあとに修正が生じた場合でも、セルの挿入や削除で修正しやすい点がある。また、いくつか行程の候補が考えられる場合でも、複数のシートにそれぞれの行程表を落とし込むことで、比較しやすい点がある。**もちろんスマホやタブレットで閲覧できる場合は、印刷せず、そのまま持って行ってもいいだろう。

図は、以前、私が実際に作成し、持ち歩いた行程表だ。左から、①乗り換えをする駅、②列車の発着時刻、そして③路線名と④列車の行先を記している。乗り換えの管理をするだけなら、最低限①乗り換えをする駅、②列車の発着時刻だけで事足りそうなものだけれども、**③路線名**

と④列車の行先は絶対に盛り込んでおくべき！　というのも、改札やホーム頭上の電光掲示板などに表示されるのは、②〜④だから。これらと行程表を照らし合わせることで、スムーズに乗り換えができる。また、古い列車だと前面や側面に表示されているのは、④のみなので、①と②だけだと、目の前にやってきた2つの列車のうち、「どちらに乗ったらいいのか」がわからなくなり、最悪の場合、誤って逆方向の列車に乗ってしまう可能性もある。路線名の横にさらに列を追加して、「昼食をとる」、「駅前を散策する」などのポイントを追加していくと、オリジナルの行程表だって作ることができる。

1日目		時刻	路線名
東京	発	620	上野東京ライン 前橋行き
高崎	着	816	
	発	824	上越線　水上行き
水上	着	930	
	発	1140	上越線　長岡行き
長岡	着	1331	
	発	1340	信越線　内野行き
東三条	着	1405	
	発	1504	弥彦線　吉田行き
吉田	着	1523	
	発	1547	弥彦線　弥彦行き
弥彦	着	1555	
	発	1821	弥彦線　吉田行き
吉田	着	1830	
	発	1843	上越線　新潟行き
新潟	着	1933	

2日目		時刻	路線名
新潟	発	919	信越本線　会津若松行き
新津	着	939	
	発	1005	磐越西線（SLばんえつ物語）
会津若松	着	1335	
	発	1414	磐越西線　快速郡山行き
郡山	着	1519	
	発	1542	東北本線　福島行き
福島	着	1628	
	発	1632	東北本線　仙台行き
長町（バスは長町駅東口）	着	115	
	発	1810	バス（宮城交通）
秋保温泉湯元	着	1854	

3日目		時刻	路線名
秋保温泉（秋保文化の里センター）	発	922	バス（仙台市交通局）
秋保大滝	着	946	
	発	1028	バス（仙台市交通局）
磊々峡	着	1058	
秋保温泉（秋保文化の里センター）	発	1219	バス（タケヤ交通）
仙台駅前	着	1250	
仙台	発	1330	東北本線　福島行き
福島	着	1455	
	発	1504	東北本線　郡山行き
郡山	着	1552	
	発	1627	東北本線　新白河行き
新白河	着	1706	
	発	1709	東北本線　黒磯行き
黒磯	着	1732	
	発	1737	東北本線　宇都宮行き
宇都宮	着	1828	
	発	1942	上野東京ライン 上野行き
上野	着	2113	

※当時のダイヤに基づく

時刻表があると、より自由度の高い行程が作れる

まずはアプリと併用して使ってみよう

66ページでは、乗り換えアプリを使って旅行計画を作った。出発駅と到着駅を入力するだけで、ほぼ一瞬にして完成してしまうけれど、できた行程は、ひたすら乗り継ぎだけを繰り返していくもので、お昼ご飯の時間が一切考慮されておらず、なかなかしんどい。もちろんあらかじめ昼食を持参するのも一つの手だけれども、それでは少し味気ないし、東海道本線は、比較的混雑が続く路線なので、なかなか食べづらい……。昼食は列車から降りて食べたい。このように、**行程の自由度を高めるために使いたいのが『時刻表』だ。**

書店には大小さまざまなものが売られているが、無難なのは大判の『JTB時刻表』か『JR時刻表』。多少の違いはあるものの、必要な情報はどちらも完璧に網羅されているので、好きなほうを購入しよう。私は、『JTB時刻表』を普段は使っている。

こう時刻表を普段から使っていると公言すると、多くの人に尋ねられるのが「時刻表ってど

うやって使うの」ということだ。初めて時刻表を開くと、ひたすらに路線の時刻が羅列されており、その爆発的な情報量ゆえ、そっと閉じてしまうかもしれない。しかし、使い方さえわかればこんなに万能なものはない。

時刻表初心者が最初にぶち当たる難関は「何ページを見たらいいか」ということだが、目次を見れば済む話だ。時刻表の目次は最初のほうにカラーで掲載されていて、これがなんと親切にも日本地図の形をしている。地図のなかで乗りたい路線、時刻を調べたい路線を見つけよう。そこに、路線名とともに付されている数字が、「掲載ページ」にあたる。地図で直感的に調べることができるので、慣れてしまえばこれほど使いやすいものはない。だって、路線名がわからなくても、「確かこの辺りを走っているやつ」で、調べることができるのだから。

また、時刻のページについては、時系列に沿って左から右に列車の発車時刻が並んでいる（例外もあり）。あとは乗りたい列車を選ぶことができれば、それで終わりだ。

持ち歩きには、『小さな時刻表』が絶対便利

旅行の荷物には時刻表を忍ばせておきたい

旅行の荷物については134ページ以降で詳しく解説するのだけれど、フライングして説明しておくと、時刻表は荷物に忍ばせておきたい。行程は出発前に完成させるし不要なのでは？と思う人もいるだろう。でも、鉄道旅行の場合、列車の運休や遅延などの可能性もあり、そのときは、現地であらためて行程を修正する必要も出てくるからだ。

とはいえ、74ページで解説した『JTB時刻表』や『JR時刻表』のように大判の時刻表を持って行くとなると、それだけで大荷物になるので、なるべく避けたい。そんなときに便利なのが、小さいサイズの時刻表だ。大きな書店であれば、小さいサイズといっても、次のように、似たような大きさのものが売られている。

①コンパス時刻表　②JTB小さな時刻表

このうち①コンパス時刻表は、『JR時刻表』をコンパクトにまとめたもの。新幹線から普

通列車まで、すべての駅の時刻が掲載されているので安心だし、私も以前はこれを使っていた。

では現在はというと、②『JTB小さな時刻表』を使っている。時刻表としては最後発の部類に入るのだが、すごいところは『JTB時刻表』に掲載されているすべての情報を網羅しているところ。鉄道にとどまらず主要な路線バスやフェリー、それに飛行機などの時刻も乗っている。玄人向けの時刻表、「鉄道以外の公共交通機関の時刻」も把握したうえで旅したい人向けともいえる。ちなみに時刻表の大きさが違うのに情報量が同じである秘密は、その文字の大きさにある。『JTB小さな時刻表』は、『JTB時刻表』をぎゅっと縮小印刷したような形になっていて、文字がかなり小さいという欠点がある。そのため、小さい文字が苦手な人の場合は、①のコンパス時刻表でまったく問題ないだろう。

このほかにも、小さいサイズの時刻表としては交通新聞社『北海道時刻表』など、地域別のものも存在しているが、他の地域に行くときには使えないので、その点ではコストパフォーマンスがいいとはいえない。

余談だが、「台湾」や「中国」など近場の海外の日本語版時刻表も世の中には存在している。これらは有志が同人誌として出しているもので、海外旅行の際には私も大いに役立てている。

「始発駅」重視にすれば、着席率が高まる

「終着駅」まで乗るよりも、断然おススメ

最初は乗り換えアプリで、自由度を求めて乗り換えアプリと時刻表の併用で、こんな風に少しずつレベルアップしていくと、最終的に行きつくのは「時刻表だけ」で行程を作る境地だ。私が鉄道旅行に出かけるようになった頃は、便利な乗り換えアプリが存在していなかったので、最初から紙の時刻表だけで行程を作っていた。今も紙の時刻表がないと心配になってくる。

紙の時刻表で行程を作るときは、まず、目次の地図で掲載ページを調べ、左から右に時刻を見ていき、乗る列車の時刻は、縦に見ていく。この流れで一つ注意してほしいのが、終着駅まで乗り続けないほうがよい場合があるということ。なお、最近は、アプリも賢くなってきており、「終着駅まで乗り続けない」行程を示してくれるので、ご安心を。

ならばどこで降りたらいいのかというと、「次の列車の始発駅」だ。始発駅とは、列車が最初に出発する駅のこと。**途中駅から乗るよりも、始発駅から乗るほうが、はるかに着席率は高**

まる。

ここで東海道本線の静岡県内を例に出して考えると、乗換駅として思いうかぶのは、沼津や静岡、浜松などの主要な駅だろう。実際、これらの駅が次の列車の始発駅になっていることは多い。

ただ、時刻表や乗り換えアプリなどで調べてみると、東京から遠ざかる下り列車では興津《おきつ》始発や掛川《かけがわ》始発、東京方面に向かう上り列車では島田始発が多いことがわかる。ちなみに私の経験上、東海道本線のこれら駅から列車に乗ったときは確実に座れているし、さらにいうなら、「どの辺に座ろうかな」とゆとりと余裕のある座席選びまでできている。

始発駅と主要駅が一致していないのは、全国各地でよくあることなので、快適な旅のためにも、始発駅チェックは抜かりなく行おう。また、始発駅チェックをするうえでは、始発駅が一覧でわかる紙の時刻表を使うのがおすすめだ。

臨時列車に気を付けて

日付限定の列車から全席指定までいろんな列車が走っている

実は列車というのは、毎日同じように同じ時刻で走っているわけではない。大都市圏で、私鉄や地下鉄は、平日と土日でダイヤが異なるのと同様だ。これが遠くにいく列車になると、より複雑になってくる。

その最たる例は、新幹線だ。年末年始やお盆休み、あるいは大型連休など、**大勢の人が移動をする日には、いつもよりも本数を増やして「臨時」列車を走らせている。**時刻表で、新幹線のページを開いてみよう。以下、『ＪＴＢ時刻表』の例で話を進めていく。列車の名前の下に◆マークがついているのがあるのがわかるだろうか。実はこれらはすべて臨時列車、つまり毎日走っているわけではないということ。具体的にいつ走っているかは、一番下のほうに「運転期日」として記載がなされているし、特急列車の場合は、時刻の横に「運転日注意」として記載されている。

行程を作るときには、この辺りも注意しないと、「あれ、列車がない？」とホームで途方に暮れてしまうことになる。**ちなみに特急列車や新幹線の場合、毎日走っている列車よりも、臨時列車のほうが空いている**ので、列車の選択肢が多くあって悩んだときには、臨時列車をあえて選ぶのも一つの手だ。ただし、臨時列車は、古い車両が充てられることもあり、最新の新幹線では主流の「コンセント」が座席にないこともあるのでご注意を。

また、新幹線や特急列車の場合は、時刻とともに、人が横向きに座っているマークがついている。実はこれにも2種類あって、座席の部分に「全」と書いてあるものと、ないものがある。「全」と書いてあるものは、「全席が指定席」を意味し、書いていないものは「一部だけが指定席」（自由席がある）を意味する。きっぷの買い方については後ほど説明するものの、買い間違いをしないように、あらかじめ行程表のなかに備考欄を設け、「全席指定」、「自由席あり」と書いておくのがいいだろう。

時刻表に載っているのは、列車情報だけじゃない

1冊あれば、すべての交通機関が網羅できる

『時刻表』と言われると、「あくまで列車の時刻を調べるもの」というイメージが強いが、実はあの分厚い冊子のなかには、それ以上の情報もたくさん入っているのだ。

目次となっている路線図の地図を開いてみよう。地図上の駅名をつなぐようにして、引かれている黒や青、あるいは赤と白の縞々の線、これらは列車の路線を表しているが、そのほかに細い緑色の線も引かれており、数字とアルファベットが載っているのがわかるだろうか。試しにどこか選んでみて、数字にしたがってページを開いてみよう。列車とは少し異なった形で、時刻が書いてあるのがわかるだろうか。実はこれ、路線バスの時刻。このように、**時刻表には、列車以外のバスなどの時刻も後ろのほうでしっかりと網羅されている。**

〈時刻表に乗っている交通機関〉

●ＪＲの時刻（新幹線、在来線）　●私鉄の時刻　●私鉄の有料特急　●高速バス　●フェ

リー　●ロープウェイ　●定期観光バス　●空港から市内中心部への移動手段　●国内線航空

大判の時刻表と『ＪＴＢ小さな時刻表』にはこれらすべてが掲載されており、他の小型タイプの時刻表では、掲載のあるものとないものがある。記載内容のうち、私鉄の時刻や前述した路線バス、またフェリーについては、最初の「地図」の目次ページから、該当ページを探すことができる。

また、時刻表はこれだけではなくて、きっぷの買える駅、さらには、「駅弁の買える駅」まで乗っているし、特急列車や新幹線であれば、車両編成のうち、指定席、自由席はそれぞれどこにあるのか、といったことまで図解で示してくれている。読みこめば読み込むほど、時刻表が至れり尽くせりであることがわかる。ただ、あまりにも時刻表に頼りすぎると、私のように「時刻表がないと不安」になってしまい、それはそれで問題かもしれない。

ほとんどの交通機関がこの1冊で事足りてしまう点では、アプリや各種ウェブサイトをあれこれ調べるよりも、楽チンなことも多い。鉄道旅行の上級者を目指すなら、時刻表は使いこなせるようになろう。

ラインマーカー、付箋を使いこなそう

時刻表を使うときの工夫

時刻表は本の形をしているので、閉じてしまえば、どこを見ていたかわからなくなり、再び目次からやり直す羽目になる。また、行程を作るときには、複数の路線を見比べながらいったりきたりを繰り返すことになる。同時に複数ページを開いておく必要がある。といっても、そんな芸当はなかなかできないし、時刻表に慣れていないと「あれ、さっき見ていたダイヤはどれだっけ？」と誌面上で目を泳がすことになり、それだけで労力を使うことになる。

そこでおすすめなのは、付箋やラインマーカーの活用だ。**複数の路線を見比べるときには、各ページに付箋を貼っておけば、いったりきたりするときに、いちいち目次に戻らなくても済む**。また、**「これに乗る」と列車を決めたら、それをラインマーカーで縦になぞっておけば、あとで行方不明になることもない**。

また、貼り付けた付箋などをそのままにして旅行に持って行くことで、「私は今、時刻表のなかでどこにいるのだろう」と思ったときに、パッと該当ページを開くことができる。

　ちなみに、私自身が複数のページを見比べるときに使うのは、ずばり左手の指。利き手である右手はページを繰ったり、行程表用のメモを書いたりするのに使う一方で、左手の指をしおり、あるいは付箋代わりにして、各路線ページに挟み込んでおく。別に誰かに教えてもらった方法ではないものの、周りを見ていると、同じように左手の指を挟みこんで、しおり、付箋の代わりにしている人も多い。あとは、きっぷを買ったときの「クレジットカードご利用票」や、その他の紙を、しおりとして活用することもある。

　工夫次第で、こんな風に時刻表は使いやすくなるけど、それでも形状的に、「いったりきたり」が求められる。この動きが面倒な人は、関係するページをコピーして、並べて見比べるのも一つの手だろう。ちなみに『ＪＴＢ時刻表』は、コピーする人をあらかじめ意識していて、「コピーしても裏移りしない」を売りにしている。

迂回遠回り絶景ルートのすすめ

二股に分かれているときは、海沿いを目指そう

路線図や地図を眺めながら行程を作っているとき、「どっちを選べばいいの?」と立ち止まることもある。というのも、同じ駅から異なる2つの路線が出ていて、最終的にはまた合流する場所が、あちこちにあるからだ。代表的なのは、次の5区間だろう。

〈二股に分かれている区間路線〉

①山陽本線相生《あいおい》~山陽本線東岡山(山陽本線 or **赤穂線**)
②山陽本線三原~山陽本線海田市《かいたいち》(山陽本線 or **呉《くれ》線**)
③山陽本線岩国~山陽本線櫛ケ浜《くしがはま》(**山陽本線** or 岩徳《がんとく》線)
④予讃線向井原《むかいばら》~予讃線伊予大洲《いよおおず》(**予讃線** or 内子線)
⑤長崎本線喜々津《ききつ》~長崎本線浦上《うらかみ》(**旧線〈長与《ながよ》経由〉** or 新線〈市布《いちぬの》経由〉)

普通の旅行であれば、「所要時間が短いほう」、「列車の本数が多いほう」、「特急列車が走っ

ているほう」と、利便性が高く、なおかつ最短ルートを選びがちだと思う。また、「最適」経路を導く達人である乗り換えアプリも、最短ルートを提案してくれるだろう。

しかし、ここはせっかくの鉄道旅行。もちろん行程に無理が生じてはいけないけれど、もっと別の視点から路線の選択をしてみたい。それはずばり**「絶景車窓が楽しめるところ」**。

上記5区間のうち、①〜③はどれも「山陽本線」と別の路線で比較することになる。本線と謳《うた》っている以上、列車の本数も多く、乗り換えもしやすく、初心者向きの路線だ。けれども、移動をもっと楽しみたいという視点では、①は赤穂線、②は呉線をおすすめする。どちらも、瀬戸内海の穏やかな車窓を楽しむことができるからだ。また、③については、岩徳線が内陸部を走るので、ここはあえて本線である山陽本線に乗るほうが吉。

④では予讃線、⑤では同じ長崎本線でも、長与駅を経由するルートがおすすめ。特に、予讃線については、途中停車駅である下灘《しもなだ》駅は、海を見下ろす場所に位置しており、その景観の素晴らしさがよく知られている。

ただ、**全体の行程との兼ね合いもあるので、難しそうなときは、諦めて最適ルートを選ぶことも肝心だ。**

往復同じ景色はもったいない周遊ルートをつくろう

最適なルートはあれども「正しいルート」はないのが鉄道旅行

一方通行ではなく、往路と復路がセットになってこそ成立するのが旅。せっかくならば、来た道をそのまま帰る「往復ルート」ではなく、**行きと帰りで違う路線を選ぶ「周遊ルート」を作ろう**。自由な行程を作成できることが、鉄道旅行の醍醐味の一つだし、世の中には「行程を作っているだけで楽しい」と言って、実際にでかけるわけではないのに、行程だけを作って満足する「机上旅行」に勤しむ人もいる。

さて、前述のとおり、行きと帰りで違う路線を選ぶ「周遊ルート」をもっと広範囲で考えたらどうなっていくだろうか。特急や新幹線も利用可能な初心者向きの周遊ルートをいくつか紹介する。

①東京〜名古屋　行き：東海道新幹線　帰り：中央本線（名古屋〜塩尻《しおじり》：特急「しなの」、塩尻〜新宿：特急「あずさ」）

②東京～敦賀　行き：北陸新幹線　帰り：北陸本線（敦賀～米原：特急「しらさぎ」）、東海道新幹線（米原～東京）

③名古屋～富山　行き：高山本線（特急「ひだ」）　帰り：北陸新幹線（富山～敦賀）、北陸本線、東海道本線（敦賀～名古屋：特急「しらさぎ」）

④京都～城崎《きのさき》温泉　行き：山陰本線（特急「きのさき」）　帰り：山陰本線（城崎温泉～鳥取を普通列車）、因美《いんび》線、智頭《ちず》急行、山陽本線（鳥取～京都：特急「スーパーはくと」）

⑤博多～鹿児島中央　行き：九州新幹線　帰り：日豊《にっぽう》本線（鹿児島中央～宮崎：特急「きりしま」、宮崎～大分：特急「にちりん」、大分～博多：特急「ソニック」）

もちろん前述のルートもあくまで「例」に過ぎず、他のルートだっていくらでも作ることができる。路線図を広げて、「こういうルートで旅をしてみたい」と思った**指でなぞったルートで行程を作ることさえできれば、旅は成立するのだ**。

なお、5つのルートに共通するのは、同じ経路を通らず、ぐるっと回る「一筆書き」であること。一筆書きの魅力は、「往路」と「復路」という視点がなくなり、旅がずっと終わらないような、そんな楽しさがあり、初めての景色がずっと続くところにある。また、これ以外にも、あえて「一筆書き」を選ぶことには大きなメリットがある。この点については、別途108ページで解説する。

ノープラン旅日記

明日のことは夜決める

乗車券や特急券を買うに際しては行程を決める必要があるのは62ページで解説したとおり。では今現在の私が出発前に完璧な行程表を作り上げているかというと、実は、全然作らなくなってしまった。

こんな堕落した旅行者になってしまった理由は、場面によって異なるが、大きくわけて2つのパターンがある。

①列車の運行本数、所要時間がある程度頭に入っているから

まだ鉄道旅行を始めて間もなかったころは、やたら細かい行程表を作り、どこで昼食を取るか、どこで休憩をするかもそこに落とし込んでいた。ただ、何度も何度も出かけているうちに、どの区間が列車の本数が少ないか、どの区間はどれくらい時間がかかるかということが薄々ながらも頭にこびりついており、1日でどこまで移動できるのかがなんとなく把握できるようになってしまった。

そのため、旅の計画を立てるときは、①経路、②宿泊地の2点だけを決め、乗車券だけを購入して出かけることが増えた。

早起きができたら朝一番の鈍行列車に乗ろう、眠たかったら惰眠をむさぼり特急列車でショートカットしようとか、そういった緩い行程を前夜に決め、当日朝の自分に裁量を与えている（大体後者を採用する羽目になる）。「ここもっと観光したい」といったときもやはり同様で「いいや、1本後の列車にしよう」と自由にその場で決めている。手元の乗車券から道を踏み外さなければ、時刻表の上では、好きな列車を選べるということだ。

②フリータイプのきっぷを使っているから

行程づくりをサボってもどうにかなるのが、1日乗り放題など、フリータイプのきっぷの魅力だと思っている。というのも、きっぷのルールのもとでなら、好きな路線の好きな列車に乗ることができるからだ。たとえば、川崎の自宅を出発して、東海道本線で西へ向かおうとしたとき、途中に「御殿場線」という選択肢が現れる。このようなとき、そのまま東海道本線で移動し続けるか、あえて御殿場線に乗り換えて楽しむか、といった選択をその場で行うことが可能になってくる。

最初から行程をきちっと固めるよりも、そのときどきの関心の赴くままに旅をしたほうが楽しいこともある。

一頃は宿も決めずに出かけて、「今日はどこに泊まろうかな～」と列車の中で予約していたこともあるのだけど、これはほとんどやらなくなってしまった。というのも、あてにしていた地域が繁忙期でもないのに、全然宿が空いていないという事態に遭遇したことがあるからだ。ちなみにこういう不思議な混雑をする主な原因は、規模の大きな学会やスポーツ大会、人気アーティストのコンサートなどが考えられる。直前になってキャンセルが発生し、ぽろっと空室がでることもあるが、あまり期待しないほうがいい。

さらに、宿については基本的に安いところほど早く埋まっていく傾向がある。私自身は、「風呂に入って眠ることさえできればいい」タイプの人間で、宿泊料は安いに越したことはない。行程が雑にしか決まっていないときでも、宿だけは早めに押さえるようにしている。

このように宿泊地は決めているので、宿という点を結ぶ線をどうやって引くか、というところで「ノープラン」を発揮している。

また、ノープランといいつつも、全車両指定席の列車（東北新幹線の「はやぶさ」、秋田新幹線の「こまち」、北陸新幹線の「かがやき」など）を行程に盛り込む場合は、ちょっと話が変わってくる。満席で乗車できなかったら元も子もないので、旅の方面が決まった段階で、指定席特急券を押さえるようにしている。乗車時間の変更は1回なら手数料なしでできるため、当日の状況次第で、早めの列車に変更したり、あるいは遅めの列車に変更したりすることもある。

つまり、ノープランといいながらも、ある程度は組み立てておくことは必要で、明日は明日の風が吹くスタイルでいると、宿泊先が見つからなかったり、予定していた期間内で帰宅できなくなったりという憂き目に遭うので、その点だけは注意しよう。

おさらい鉄道クイズ＆蜂谷プライベートクイズ

第2章「旅行計画の作り方」編

第1問　正しい列車の乗り換えのしかたはどれか

①きちんと終着駅まで乗りとおす
②次の列車の始発駅で降りる
③極力無人駅で降りる

第2問　持ち歩きに適した時刻表はどれか

①ＪＴＢ小さな時刻表　②ＪＴＢ時刻表　③ＪＴＢ大きな時刻表

第3問　蜂谷が友人（非鉄道趣味者）との2人旅でやったこと

①行程表を２人分印刷してきた
②時刻表を２人分持参した
③行程表も時刻表も持って行くのを忘れた

答え　問1：②　問2：①　問3：②

第3章

きっぷの買い方

第3章「きっぷの買い方」を読む前に

鉄道用語を予習しよう！

おとくなきっぷ【お得なきっぷ】

その名のとおり、リーズナブルに旅ができるきっぷ。乗り放題になるフリータイプ、往復割引タイプ、往復フリータイプなど、さまざまな種類がある。有名な「青春18きっぷ」はフリータイプに該当する。

おうふくわりびき【往復割引】

ＪＲ線で片道６０１キロ以上の乗車券を往復で購入するときに適用されるもので、太っ腹にも往路、復路がそれぞれ1割引になる。これが適用されると、片道６０１キロ未満の往復より安くなるという逆転現象が生じる。

きっぷ【きっぷ】

乗車券や特急券、寝台券など、列車に乗るのに必要な乗車券類のこと。ちなみに「きっぷ」と「切符」では意味がまったく異なってくる。この本で解説しているものは、すべて「きっぷ」に該当する。

きっぷのはつばいび【きっぷの発売日】

指定席特急券の場合、利用する列車が始発駅を発車する日の1カ月前の10時から発売開始となる。30日や31日など、月末は扱いが少し異なる。また、乗車券は列車に乗る日の1カ月前から購入することができる。

じどうけんばいき【自動券売機】

きっぷを売る自動販売機のこと。このうち、新幹線の指定席特急券などが発券可能なものを指定席自動券売機といい、近郊エリアの乗車券を売る券売機とは分けて設置されている。券売機でも領収書は発行可能。

じょうしゃけん【乗車券】

駅と駅の間を移動するのに最低限必要なきっぷのこと。運賃は距離に応じる。一般的な片道乗車券のほか、往復割引乗車券、連続乗車券などさまざまな種類が存在する。ちなみに、定期券も乗車券の一種。

しんだいれっしゃ【寝台列車】
寝台車の連結されている夜行列車のこと。現在は特急「サンライズ瀬戸・出雲《いずも》」が日本で唯一定期運行されている寝台列車になる。寝台を利用するに際しては、乗車券、特急券に加えて、寝台券を購入する必要がある。

せいしゅんじゅうはちきっぷ【青春18きっぷ】
お得なきっぷのなかでも、一番よく知られているきっぷ。年齢制限はない。JR線の普通列車、BRTなどが乗り放題になるきっぷで、春、夏、冬の年3回発売されている。連続3日版と5日版がある。

ちけっとれす【チケットレス】
券売機や窓口できっぷを発券しなくても列車に乗れるサービス。スマホ画面がきっぷ代わりになるタイプ（特急列車）、手持ちの交通系ICカードがきっぷ代わりになるタイプ（新幹線）に大別される。

とちゅうげしゃ【途中下車】
乗車券の区間内で改札を出ること。後戻りをしない限りは何度でも可能。ただし、片道100キロまでの乗車券などでは途中下車することができず、「下車前途無効」という。途中下車を活用すれば旅費が抑えられる。

とっきゅうけん【特急券】
特急列車や新幹線に乗車する際、乗車券とは別に必要となってくるきっぷ。指定席特急券や自由席特急券などが存在する。また、乗車券と特急券の区間が同一の場合、同時に購入すると1枚のきっぷになることもある。

みどりのまどぐち【みどりの窓口】
JRのきっぷ売り場のこと。国鉄時代に制定された名称であるため、必ずしもすべてのJRで使用されているとは限らない。JR東海では「きっぷうりば」の名称を使用。自動券売機との対比で単に「窓口」ということもある。

きっぷはどこで買えるのか　まずは窓口へ

駅が近くにないときは、旅行代理店も可

行程ができたらいよいよきっぷを購入することになる。きっぷの購入手段としては、大きくわけて①駅の窓口、②自動券売機の2種類がある。このうちここでは、①駅の窓口での買い方を紹介する。

窓口の名称は、基本的に「みどりの窓口」（JR東海エリアでは「きっぷうりば」）といい、主要な駅であれば改札とは別に売り場が設けられている。また、小さな駅の場合、改札口の横にあることもある。ただし、すべての駅にあるわけではないので、事前にどの駅に設けられているか、何時から何時まで営業しているかを確認してから行こう。

なお、大きい駅であればあるほど窓口は混雑するし、年末年始やお盆、大型連休のほか、定期券シーズン（3月末から4月頭）は待ち時間が1時間を超えることもあるのでご注意を。

窓口に出向く際には、あらかじめ次の情報を整理しておこう。

〈乗車券〉①乗車する日　②乗車する区間（どの経路で行くかも含めて）③買いたいきっぷ
〈特急・新幹線の指定席特急券の場合〉④乗車する列車　⑤座席の位置（窓側、通路側、車両の位置、車内での位置）

駅によっては、「申込書」を置いている場合もある。あらかじめ書き込んで、窓口で提出すれば、スムーズに発券できる。きっぷを購入する際に特に気をつけてほしいのは②乗車する区間。乗車券には「発駅」「着駅」のほかに、**「経路」も記載されるが、これが自分で作った行程表と一致しているか、きちんと確認しよう。**なお、最近では窓口が廃止され、オペレーターが遠隔対応する券売機も増えている。

また、お住まいの地域によっては、近くに「駅がない」、「駅があっても、窓口がない」といった人もいるだろう。そういうときに助かるのがＪＴＢや日本旅行といった旅行代理店。**大半の代理店であれば、駅の窓口同様にＪＲのきっぷを購入することができる**し、手数料を取られることもない。ただし、ＪＲ以外のきっぷについては発券するごとに手数料がかかるのでご注意を。また、旅行代理店はあくまで旅行商品を扱うのが本業。そのため、旅行相談の先客で窓口がふさがっていると、かなりの時間待たされることになるので、旅行代理店はあくまで「次善の策」という位置づけにしておこう。

券売機にチャレンジしてみよう

シートマップで好きな座席が選べる

窓口はいつも混雑しているのに、横に置いてある券売機はがらがら……。こんな光景を目撃したことはないだろうか。使ったことがないと不安になるかもしれないが、**実は券売機できっぷを買うのは、使い方がわかれば簡単！** 窓口に比べて空いていることが多いので、待たずに買うことができる。

〈券売機で買える主なもの〉

- 乗車券
- 指定席特急券（新幹線、特急列車）
- 自由席特急券（新幹線、特急列車）
- お得なきっぷ

必要なものはほとんどを券売機で購入することができる。ちなみに券売機は、行程表を作りこんでいない人にも優しい。わかりやすい例を出すと、「13時台に東京駅を出る新幹線で新大阪駅に行こう」くらいの気持ちであっても構わない。というのも券売機で「乗車したい時間帯」を選択するステップがあり、そこで「13時台」を選ぶと、13時台に東京駅を出る新幹線の一覧が空席情報とともに表示されるからだ。もちろん到着時刻も表示される。

さらに嬉しいのはこのあとだ。乗りたい列車を選ぶと、**座席のシートマップが表示される。そのなかから、窓側だったり、車両中ほどだったり、トイレの近くだったりといった座席を好きに選ぶことができる。**混雑しているようであれば、少し前のステップに戻って、別の列車を選ぶことだって可能だ。また、特急券を購入するのに合わせて、乗車券もセットで購入することができる。

私自身は、毎月のように遠出をしているけれど、ほとんどのきっぷは券売機で購入しており、窓口に並ぶ機会は年に1、2回ほどしかない。では、どういったときに窓口に行くのか。それはあまりにも複雑怪奇な一筆書きのきっぷを購入するときだ。経路が長すぎて、機械ではきっぷに印刷できないため、窓口の係員が直接手書きする羽目になる。こういった特殊な例を除いては、ほぼすべてのきっぷは買えるし、領収書も発行してくれるので、出張など、仕事の用事で遠出する際でも、券売機を積極的に使ってみよう。

列車に乗るために必要なきっぷはこれだ

最低限押さえておきたいのは「乗車券」と「特急券」

行程が決まり、きっぷを購入するにあたっては、何を買わなくてはいけないかを押さえておく必要がある。このうち、基本となってくるのが「乗車券」。発駅と着駅や経路、運賃のほか使用開始日、運賃などが記載されている。**普通列車だろうが、新幹線だろうが、どの列車に乗るにしても最低限必要だ。**

この乗車券にも細かくわけるといろんな種類があるのだが、押さえておいてほしいのは「往復割引乗車券」。このきっぷは、片道が601キロ以上の区間を往復する場合、往路、復路、それぞれの運賃が1割引になるという大変お得なしろもの。ちなみに601キロ以上とは、東京から新幹線であれば西明石《にしあかし》、東北新幹線であれば八戸《はちのへ》にあたる。距離については時刻表の端に「営業キロ」として表示されているので確認してみよう。この制度を利用すれば、本来の目的地は西明石の一つ手前の新神戸であっても、乗車券を西明石までにしたほうが、割引が効いてお得になる。

乗車券のみで乗ることができるのは、いわゆる普通列車（各駅停車、快速、新快速、特別快速）だ。**特急列車や新幹線に乗るためには、乗車券に加えて別途「特急券」を購入する必要がある。**

この特急券にもいくつか種類があるものの、メインとなってくるのは「自由席特急券」と「指定席特急券」の2種類。このうち、自由席特急券は、乗車する特急・新幹線の区間と、乗車する日だけが定められていて、その範囲の「自由席」であれば、何時の列車でも乗ることができる。

一方で、「指定席特急券」は、列車と席が指定されており、座席を確保できる分だけ、自由席特急券より高めの値段設定となっている（料金は時期によって多少変動する）。

注意したいのは、東北新幹線の「はやぶさ」や、北陸新幹線の「かがやき」などは、全車両が「指定席」となっているため、これらには「指定席特急券」でないと乗車できない点。全車両が指定席かどうかは、時刻表に載っているので、あらかじめ確認しておこう。

基本的には指定席がある列車は、「指定席特急券」を購入しておくと安心なのだけど、東海道新幹線の「こだま」や、北陸新幹線の「はくたか」のように、極端に指定席が少なく、自由席が多い列車の場合、指定席が満席でも、自由席はがらがら……ということもある。このあたりは窓口で相談してみるといい。

憧れの「サンライズ」のきっぷはちょっと特殊

寝台券がなくても乗れるって本当？

「サンライズ瀬戸」、「サンライズ出雲」をご存知だろうか。これらは現在、**国内を毎日運行している唯一の寝台特急列車だ。**「サンライズ出雲」は東京発出雲市行きで、東京から岡山までは併結での運転、岡山からそれぞれの目的地へと向かう。

一般的な特急列車であれば、「乗車券」と「特急券」があれば乗車することができるのだが、この「サンライズ」に乗車するためには、別途「寝台券」を購入する必要があり、料金は図のように寝台の種類によって異なってくる。

部屋の大小や室内の設備は、料金によって違いが出てくるが、共通するのはすべて個室だということ。一人旅なら「ソロ」で十分に楽しめるだろう。また、2人旅をするときには、2段ベッドになっている「シングルツイン」や、ベッドが横並びの「サンライズツイン」がおすすめだ。

嬉しいことにサンライズの車内にはシャワー室が設けられている。シャワー室利用には、当日、3・10号車の販売機で「シャワーカード」を330円で購入することになる。早めに売り切れるので、乗車したらすぐに購入しておこう。シングルデラックスには専用のシャワー室があり、無料で利用できる。

さてここまで「サンライズ」には寝台券が必要だと書いてきて、矛盾するようだが、**実は「寝台券」を買わなくても、乗車券と指定席特急券だけでも乗車することができる**。それは、車内に1両だけ設けられた「ノビノビ座席」だ。ノビノビ座席は、カーペットの敷かれたシートのことで、頭部に仕切りはあるものの、個室にはなっていない。「横になれる座席」といった扱いで、毛布の貸与がある。フェリーの「桟敷席《さじきせき》」のイメージが近い。寝台券が不要であるため、お得に旅をしたいときにはおすすめだ。ただ、カーペットなので体が痛くなるほか、他の人の会話が丸聞こえになる。

ちなみに、寝台券は券売機などでは購入することができず、「みどりの窓口」またはネット予約システムでの扱いとなるうえ、唯一の寝台列車であることから非常に人気が高い。発売日（乗車日1カ月前の10時）にきっぷを押さえるようにしよう。

寝台	特徴	寝台料金
シングルデラックス	デスク、洗面台付きで文句なしの贅沢仕様	1万3980円
シングル	荷物置き場があり、比較的ゆったりしている	7700円
ソロ	シングルよりコンパクトだが、これで十分	6600円
シングルツイン	2段ベットの構造だが、1階部分を座席にして1人利用も可能	9600円（2人で利用する場合は、別途5500円必要）
サンライズツイン	2人部屋。ベッドが横に2台並んでいる。	1万5400円（2人分）

指定席は1カ月前から押さえられる

旅の達人は〝10時発券〟を目指す

年末年始やお盆のシーズンともなれば、列車は軒並み満席で、自由席には座れない人が大勢……。季節の風物詩のようにテレビで報じられているが、こんなときに確実に指定席を確保するためにはどうしたいいのだろうか。それは愚直に「発売開始日」に購入すること。**特急列車や新幹線の「指定席特急券」の発売日は、「乗車日の1カ月前の10時」**なので、その日にきっぷを買い求めれば、ほぼ確実に指定席を確保できる。

「1カ月前の10時」を具体例で表すと、5月10日のきっぷであれば、発売開始は4月10日の10時となる。例外もいくつかある。たとえば3月29日~31日のきっぷ。これらは2月に同じ日がないため3月1日の10時が発売開始時刻だ。また、同様に前月に31日がない月のきっぷ（5月31日、7月31日、10月31日、12月31日）は、その月の1日10時から発売開始となる。

きっぷは早いもの勝ちなので、発売開始時刻ちょうどに窓口に行くのがおすすめだ。ちなみにあえて「自動券売機」としなかったのは、自動券売機は発売開始時刻が「乗車日の1か月前の10時10分」と、窓口よりも10分遅いからだ。この10分の間に窓口（ライバルは全国の窓口）で売り切れてしまった場合、自動券売機では残念ながら〝満席〟と表示されてしまう。

そしてこの発売開始時刻というのは、多くの鉄道ファンに知られているところなので、人気列車の場合は、発売開始からほどなくして売り切れる。ではどうしたらいいのか？

過去にはまでは、通称〝10時打ち〟、正式名称「指定席事受付制度」と呼ばれるものがあり、発売日早朝に、「きっぷ購入の予約」ができた。現在、10時ちょうどに窓口の順番が回って来るようにすることがきっぷ購入の確実性を高める方法としては最善の策といえる。なかには「10時ちょうどにきっぷを買いたい人向け」に待機列を用意している駅もあるため、事前に確認しておこう。

それからインターネットの予約システムでも同じように、1か月前の「10時」から発売が始まるので、こちらもおすすめだ。ただし同じように発売開始を狙う人は多く、「ネット回線の混雑」によって阻まれることもある。また、希望のきっぷが取れなかったとしても、最後まで諦めないでほしい。というのも、直前になって「キャンセル」が出る可能性も大いにあるからだ。詳しくは128ページのコラムで紹介しよう。

乗車券の行先は、「最後の目的地」にすればお得

絶対知っておきたい途中下車

東京を出発し、名古屋で1泊して、大阪まで行く。こんな行程を組み立てたとき、乗車券はどう買えばいいだろうか。「まず東京から名古屋まで、名古屋から大阪までの2枚」と思った方、それはもったいない！　正しくは「東京から大阪」の1枚で足りてしまう。

名古屋で降りるときに乗車券を自動改札機に通したら吸い込まれてしまうのでは？　と心配になる人もいるかもしれない。実はこれが、名古屋駅で改札機に入れても吸い込まれることなく出てくるのだ。これを「途中下車」といい、ざっくりいうと、以下のような制度だ。

●101キロ以上移動するとき
●後戻りをしなかったら
●何度でも改札を出ることができる

つまり、「東京から大阪」という乗車券を持っていれば、名古屋のみならず、大垣で下車して、

米原で下車して、京都で下車して……と細かく下車することだって可能だ。ちなみに、前述のように2枚の乗車券にしたときと、1枚の乗車券にしたときでは、料金が次のように1000円近く変わってくる。

●東京↓名古屋：6380円、名古屋↓大阪：3410円　合計9790円

●東京↓大阪：8910円

この秘密は、**乗車券が「距離が遠いほど割安になる」という特徴を持っていることによるもの。途中で交わらない一筆書きの行程であれば、どんな行程でも基本的に1枚の乗車券にできてしまう。**

これら特徴を踏まえると、目いっぱいの「一筆書ききっぷ」をつくり、途中下車をする、という行程にすれば、それだけでお得度の高い旅行になる。

88ページでは、往路と復路のルートを変えたコースをいくつか提案した。このうち、②について、この一筆書きのルールを使えば、以下のように、ぐるっと一周して帰ってくるようなきっぷをつくることもできる。

東京↓東京（経路：北陸新幹線、北陸本線、東海道新幹線）

ちなみに、東京や大阪など、大都市圏の場合は、都区内、市内のどこから乗っても料金が同じというルールが適用されるため、正確には「東京都区内↓東京都区内」という乗車券になる。

途中下車ができないこともある

拡大を続ける近郊区間と回避術

108ページでは、「途中下車」のルールを紹介した。しかし、なかには101キロ以上の乗車券であっても、「途中下車」ができないエリアがある。これを「近郊区間」という。

近郊区間とは次の5つの地域に設けられたエリアのことを指す。

●東京 ●仙台 ●新潟 ●大阪 ●福岡

この近郊区間のなかに収まってしまう乗車券の場合、たとえ101キロ以上であっても、「途中下車ができない」というルールが設けられている。また、**有効期間も、距離にかかわらず「1日」**と指定されている。このうち、東京近郊区間については、2024年12月現在、松本、水上、黒磯《くろいそ》、いわきといった、ぜんぜん近くない地域にまで拡大を続けている。

ここで具体例として、東京から松本に行くときを考えてみよう。本来であれば、東京から235キロ離れている松本というのは「東京都区内発松本行き」の乗車券を作れば、その間で何度も途中下車ができるはずなのだが、近郊区間ルールのため、途中下車はできないし、有効期間も1日となってしまう。

では、東京から出発し、途中の甲府で寄り道して、最終的に松本まで行く旅の場合は、「東京から甲府、甲府から松本」の2枚の乗車券を作らなくてはいけないのだろうか。

実は1枚の乗車券で事足りる裏技があるのだ。それはずばり、少しだけ近郊区間をはみ出したきっぷを作る、というもの。松本の場合、一駅先にある北松本までのきっぷを作れば、近郊区間で完結しない乗車券になり、途中下車でき、律儀に2枚買うより、お得になる。

【律儀に2枚買ったとき】東京→甲府：2310円、甲府→松本：1980円　合計4290円

【裏技】東京→北松本：4070円

また200キロを超えているので、有効期間は3日間となる。

ただ、近郊区間の場合は、こうして一生懸命「1枚の乗車券」をこしらえるよりも、それぞれの乗車区間ごとの乗車券を買ったほうが、合計の運賃が安くなることもある。運賃計算は、乗り換えアプリを使えば簡単にできるので、あらかじめ算出してからきっぷを買うようにしよう。

お得なきっぷで、リーズナブルな旅にでよう

フリータイプから往復タイプまで多種多様！　知ってるだけで得をする

同じ行程で旅行をするなら、少しでもリーズナブルなほうがいい！　そう思ったとき、まず調べるべきは「お得なきっぷ」だ。使いようによっては普通に乗車券を買うよりも、かなりの節約になることもある。ただし、一口にお得なきっぷと言っても、種類も使える条件も千差万別なので、それぞれの特徴を把握する必要がある。

〈お得なきっぷの種類〉●フリータイプ：決められたエリアのなかで乗り放題になるきっぷ　●往復フリータイプ：往復割引タイプ：決められた区間の往復券がセットになったきっぷ　●往復フリータイプ：往復券とエリア内乗り放題がセットになったきっぷ　●回数券タイプ：決められた区間のきっぷが複数枚セットになったきっぷ　●早割タイプ：早めに購入することで割引になるきっぷ

このうち、旅行で特に重宝し、気軽に使えるのはフリータイプのきっぷだ。主なものとしては、次のとおり。

●青春18きっぷ（JR全線）●旅名人の九州満喫きっぷ（九州地方）●バースデイきっぷ（JR四国）●北海道フリーパス（JR北海道）●休日おでかけパス（JR東日本）●都区内パス（JR東日本）●JR東海&16私鉄　乗り鉄☆たびきっぷ（東海地方）●北陸おでかけｔａｂｉｗａパス（北陸地方）

さてこうしたお得なきっぷを使うとき、**注意しなくてはいけないのは、発売期間、利用期間、そして利用条件の3つ**。ここでは北海道フリーパスを例にとってみよう。

●発売期間：乗車日の1か月前から当日まで　●利用：通年（ただしGW、お盆、年末年始は除く）●利用条件：JR北海道内の在来線特急列車の普通車自由席及びジェイ・アール北海道バス（一部路線を除く）が7日間乗り放題

詳細については各社のウェブサイトでわかりやすく解説してあるので、使う前に熟読しておこう。また、北陸おでかけｔａｂｉｗａパスは、専用のアプリ「ｔａｂｉｗａ」でのみ購入、利用できるタイプのデジタルチケットだ。最近では、このほかに交通系ICカードに、きっぷの情報を載せるタイプも含めて、お得なきっぷのチケットレス化が進んでいる。

年齢制限なし！「青春18きっぷ」の使いかた

2024年冬に大幅リニューアル　ルールを知って出かけよう

１１２ページでは各種お得なきっぷを紹介したが、そのなかでもダントツで名前が知られているのは、通称〝18きっぷ〟、正式名称「青春18きっぷ」だろう。こういう名称なので、勘違いをされがちだけれども年齢制限は一切ない。２０２４年冬にきっぷのルールが大幅リニューアルを遂げているため、これまでに利用したことがある方もちょっとだけ注意が必要だ。

18きっぷは、ざっくり言うと、「ＪＲ全線の普通列車３日連続、または５日連続放題」になるもの。また、青春18きっぷは、春、夏、冬の年３回発売されており、それぞれの利用期間は、学校の長期休暇と大体重なっており、この期間のなかで３日連続、または５日連続の利用日を自分で設定することになる。

〈参考〉２０２４年度の利用期間

春：３月１日～４月10日　夏：７月20日～９月10日　冬：12月10日～２０２５年１月10日

さてこの青春18きっぷ、嬉しいのは非常にリーズナブルなところ。なんと5回分の1日乗り放題券がセットになって、料金は3日連続タイプが10000円、5日連続タイプが12050円。5日連続タイプを1日あたりに換算するとたったの2410円だ。普通に乗車券を購入する場合、2410円で移動できる距離は、最大でも140キロなので、140キロを超える移動のときに、18きっぷを使えば、元が取れるという算段だ。また、日帰り旅行と考えるならば、片道70キロを超えるところまで往復するだけでOK。参考までに、東京から70キロを超える場所としては、小田原（83キロ）、大月（87・8キロ）、高崎（105キロ）など。思っているよりも近いところが多く、元を取るだけなら簡単だ。これを旅のどこで、どのように使っていくかで、旅行者の技術が試されているほか、利用日が「連続」であるために、休暇の調整などスケジューリングも求められてくる。

また、この青春18きっぷ、首都圏の普通列車に連結されているグリーン車自由席にもグリーン料金を払えば乗車できるほか、「普通列車」「快速列車」といった種別で運行されている各地の観光列車にも乗車できてしまう。「普通列車にしか乗れない」と考えると、なんとなく厳しく苦行の旅に思えるが、使い道はかなり多岐にわたる。

知っておきたい、「青春18きっぷ」の注意点

お得に旅するなら、これだけは押さえておこう！

114ページでは、「青春18きっぷ」の概要を紹介したが、注意点もいくつかある。

●特急列車には乗れない

115ページにあるように、青春18きっぷはあくまで普通列車が乗り放題となるきっぷ。特急列車や新幹線に乗るためには、特急列車や新幹線に乗る区間の乗車券と特急券が別途必要になる。道中の一部に特急列車、または新幹線を組み込む場合、通しの乗車券を購入したほうが、トータルで安くなる場合もある。

ちなみに本州と北海道を結ぶ、青函トンネルは新幹線しか走っていない区間になるため、18きっぷだけでは、北海道と本州の間を行き来することができない。そこで、登場するのは4500円の「青春18きっぷ北海道新幹線オプション券」。18きっぷとオプション券を組み合わせることで、北海道新幹線（北海道新幹線新青森～木古内）の自由席、および道南いさりび

鉄道線木古内～五稜郭の普通列車に乗車することができる。18きっぷで本州から北海道に渡る旅を想定している場合は、あらかじめオプション券を購入しよう。

また、普通列車の本数が少ない区間では、特例として18きっぷだけで特急列車に乗車できるように設定がされている（石勝線新夕張～新得、奥羽本線新青森～青森ほか）。ただし設定された区間をはみ出して乗車した場合は、「全区間」の乗車券、特急券が必要になるので気をつけよう。

●乗車できるのは原則ＪＲのみ

特に北陸地方を中心に新幹線開業により、並行して走る在来線がＪＲから第三セクター化に転換されている。こうした三セク路線については、「その先を走るＪＲの盲腸（行き止まり）線に乗るため」に利用するなどの以外では、基本的に乗車することができない。また、ＪＲ線と私鉄、地下鉄などが相互乗り入れを行っている場合も、18きっぷが有効になるのはＪＲの区間のみだ。

ちなみに、列車の運転見合わせなどで行程が乱れたとしても、18きっぷでは基本的に特急列車に乗ることはできない。そのような、冒険も含めての「青春」だと心得ておこう。

誕生日なら乗り放題？絶対おすすめのお得なきっぷ

利用条件に当てはまれば、あっという間に元が取れる！

一口にお得なきっぷといっても、エリアごとにいろいろな種類が発売されているうえ、本当にそのきっぷを使って元が取れるかどうかは、行程次第。そのため、お得なきっぷだからといって、やみくもに飛びつくのではなく、あらかじめ行程を考え、普通の乗車券で旅をした場合と比較する必要がある。などと考えると、お得なきっぷも難しそうに思えるかもしれない。ここではそういったことに頭を悩ませなくても簡単に元が取れるお得なきっぷをいくつか紹介する。

〈**バースデイきっぷ**（ＪＲ四国）〉

バースデイきっぷは、利用開始日が誕生月に含まれる場合に購入でき、ＪＲ四国全線と一部の私鉄が３日間乗り放題になるきっぷだ。これのすごいところは、**特急列車の自由席も乗車可能なのに、たった1万2000円**と格安なところ。また、３０００円を追加すればグリーン車まで乗り放題になってしまう。しかも、本人だけのみならず、同行者3名分も購入することが可能だ。ちなみに私は、5月生まれの友人の「同行者」として、GWにこのきっぷを利用したことがある。

〈北海道フリーパス〉（JR北海道）

北海道フリーパスは、長期休暇が取れたら使いたいきっぷ。なんとこちらはJR北海道全線（北海道新幹線を除く）と、ジェイ・アール北海道バス（一部区間除く）が7日間乗り放題で2万7430円！　特急列車の自由席も乗り放題なうえに、指定席も6回利用することができる。有効期間が長すぎるものの、大きく移動すれば4日ほどの旅でも十分に元が取れてしまう。

〈旅名人の九州満喫きっぷ〉（九州）

旅名人の九州満喫きっぷは、私鉄、地下鉄を含めた九州内の「普通列車1日乗り放題3回分」がセットになったきっぷで、料金は1万1000円。有効期間は発売日から3カ月以内とかなり広く、一度の旅では使い切らなくても、たとえば月に1度ずつの利用でもいいし、3人で日帰り旅行に使っても構わない。通年で利用できるのが嬉しい。加えて嬉しいのが私鉄や地下鉄といったJR以外の列車にも乗車できる点。文字通り、九州が大いに満喫できてしまう。

しくみがわかれば怖くない！チケットレスを活用

デジタルタイプと、ＩＣ紐づけタイプの2種類

最近の旅で、もはや必須のアイテムとなっているのが「チケットレス」タイプのきっぷだ。券売機や窓口で紙のきっぷを発券しなくても済むもので、きっぷ購入の待ち時間短縮のほか、さまざまな割引サービスが用意されている点も嬉しい。この「チケットレス」には大きく分けて「デジタルタイプ」と「交通系ＩＣカード紐《ひも》づけタイプ」の2種類が存在する。

●デジタルタイプ

デジタルタイプとしてわかりやすいのは、特急列車の「チケットレス」だ。各社の専用サイトで予約、決済を行った画面が、そのまま特急券の代わりとなる。この際、乗車券分を交通系ＩＣカードで支払えば、完全チケットレスとなる。

また、デジタルタイプとして増えてきているのが1日乗車券などの乗り放題タイプ。スマホの専用アプリで購入した画面を改札窓口で見せることになる。

どちらの場合も、「スマホ画面」がそのままきっぷとなるため、充電切れなどには注意したい。

●交通系ICカード紐づけタイプ

交通系ICカード紐づけタイプは、SuicaやICOCAといった普段使っている交通系ICカードを新幹線乗車時に改札にタッチすることで、乗車券＋特急券の代わりになるもの。

気を付けておきたいのは、路線によって購入するサイト、サービスが次のように異なり、サイトごとに会員情報の登録が求められる点だ。

北海道新幹線、JR東日本エリアの新幹線：えきねっと

東海道、山陽、九州新幹線：スマートEX

北陸新幹線：e5489

※西九州新幹線はQRコードのデジタルチケット

●最大のメリットは「何度でも乗変できる」

チケットレスタイプの魅力は、紙の特急券が「乗車変更は1回まで」であるのに対して、改札を入るまでは何度でも乗車変更できる点が挙げられる。また早めの予約などで割引が適用されるサービスなども展開されているので、うまく使いこなせば利便性だけなく、お得度も大きく向上する。

1割もお得になる、往復割引の秘密の活用法

乗らなくても安くなる、秘密

１０２ページでは、きっぷの種類の一つとして「往復割引乗車券」を紹介した。この乗車券の特徴は、次の通りだ。

・行きと帰りの行程が同じで
・片道が６０１キロ以上のとき
・乗車券を往復で購入すると
・それぞれの運賃が1割引になる

この「往復割引乗車券」、知っていると意外な場面で活用することができる。

〈行きは新幹線、帰りは普通列車のとき〉

東京から岡山までの旅を計画し、行きは東海道本線と山陽本線の普通列車を乗り継いでのんびり鈍行列車の旅、帰りは山陽新幹線、東海道新幹線で一気に東京まで戻る行程を作ったとし

東京～いわて沼宮内	片道乗車券：9130円→単純に2倍→往復乗車券：1万8260円
東京～二戸	片道乗車券：9790円→片道601キロを超えているので1割引→往復乗車券：1万7620円

よう。ここまでの説明だと、行きと帰りの行程は同じに見えないかもしれないけれど、実は「乗車券」という視点でみたときは、同じ行程として扱われる。というのも、東海道新幹線と山陽新幹線については、並行して走る在来線区間と、乗車券上は「同じ線」とみなされるからである。このルールを当てはめれば、東京～岡山で往復割引乗車券を使うことができる。

〈あえてはみ出したほうが安い〉

たとえば、東北新幹線でいわて沼宮内《ぬまくない》まで行く用事があるとする。東京～いわて沼宮内の片道は566・4キロなので、往復で乗車券を購入しても1割引にはならない。これがもし、いわて沼宮内のお隣、二戸《にのへ》までであれば、片道がちょうど601・0キロとなり、往復割引が適用される。しかも、この1割引の効果によって、東京～いわて沼宮内の往復よりも、二戸まで往復したほうが表のように安くなる。

ということは、これを活用するならば、いわて沼宮内までしか列車に乗らないとしても、乗車券は往復で二戸まで購入したほうがお得になるということだ。この購入方法は、ルール違反でもなんでもない。「もう少しで601キロ」という区間では積極的に取り入れてみてほしい。

新幹線は車両選びに気を付けて

必ずしもコンセントがあるとは限らない!

最近の新幹線はコンセントが常備されている車両も増えてきており、スマートフォンの充電でお世話になっている人も多いだろう。しかしこのコンセント、いまだについていない車両も多い。また、仮にあったとしても「一部の座席のみ」に限られることもある。コンセントの有無とその位置については次のとおり。

〈全席にコンセントのある車両〉●東北・北海道新幹線E5系、H5系 ●山形新幹線E8系 ●上越・北陸新幹線E7系、W7系 ●東海道・山陽新幹線・西九州新幹線N700S系

〈窓側の席にコンセントのある車両〉●東海道・山陽新幹線・九州新幹線N700系 ●東北新幹線E2系（一部） ●山形・秋田新幹線E6系、E3系（一部） ●山陽・九州新幹線800系

〈コンセントのない車両〉●山陽新幹線500系

こうして車両の形式を並べても「どの形式に乗るのかわからないから、運なのでは？」と思う人もいるだろう。しかし新幹線に限っては、どの車両がやってくるかはあらかじめ調べることが可能だ。必要なのは『ＪＴＢ時刻表』、または『ＪＴＢ小さな時刻表』。これらには、新幹線の時刻とともに、車両形式も掲載されている。出発時刻や到着時刻など、「時間」でどれにするかを選びがちだけれども、新幹線については、「車両」という視点から選ぶこともできる。

また、窓側にしかコンセントがない車両のとき、通路側の席からコンセントを使うことができるか不安を覚えるかもしれない。このコンセントは「窓側の人用」と決まっているわけではないため、通路側の席からでも堂々と利用して構わない。ただ、その際は、窓側の席の人に一声かけることをおすすめする。加えて、コンセントは1カ所につき1口しかない。ということは、誰かがそれを占領してしまったら他の人が使えなくなるということ。もちろん譲り合いの精神を持つことが大事だけれども、それ以上に携えておきたいのは「電源タップ」だ。**電源タップを使うことで、コンセントの口が増える**ので、みなでコンセントを利用することができる。３口くらいまでなら小さいサイズのものも売られているので、ぜひとも旅の必須アイテムとしてカバンに入れておこう。

私の御用達「一筆書ききっぷ」

東京都区内発東京都区内着の乗車券

乗車券はなるべく遠くまで買うべきというのは108ページで解説したとおり。ではもし、出発地点と到着地点が同一の場合、つまり旅を始めてから、行程が一度も重複することなく、大きく一筆書きのルートを描いて帰ってきたときはどうなるだろうか。仮にこれが東京都区内スタートの場合、「都区内→都区内」という乗車券が発券できてしまうのだ。

何かの冗談のような話だけど、私自身は帰省の折にしばしば活用している。私は現在、神奈川県川崎市に住んでおり、実家は福井県福井市にある。帰省ルートとしては、次の2つがある。

①品川駅から東海道新幹線に乗車し、米原駅で北陸本線の特急に乗り換えて、さらに敦賀駅で北陸新幹線に乗り換えて福井駅まで行くルート（乗車券8910円）

②東京駅から北陸新幹線に乗車して福井駅まで行くルート（乗車券8580円）

これら①②のルートを路線図上に落とし込むと、大きな一筆書きルートになる。ということは、往路で①を採用し、復路で②の逆走バージョンを採用すると次のような乗車券ができてしまう。

③東京都区内～（東海道新幹線）～米原～（北陸本線）～敦賀～（北陸新幹線）～東京都区内（乗車券1万3200円）

この乗車券の場合、敦賀と東京都区内の間に位置し、そして帰省先である肝心の「福井駅」がどこにも見当たらないという、一見するとおかしな状況になるのだが、108ページで解説した「途中下車」がここで生きてくる。すなわち、福井駅は途中下車という扱いになる。都区内から自宅最寄り駅までの乗車券については別途往復分を購入している。

これで目的地は1カ所だけなのに、往路と復路でまったく異なる列車や車窓が楽しめるうえに、何よりも往復同じルートよりもお得に出かけることができる。ちなみにこの乗車券、見てくれこそ不思議だけども、その気になれば自動券売機で発券することも可能だ。

また、ここまでは東京都区内を例にしたけれど、行程に重複がない限りは発着地がどこであっても基本的に発券することができる。

どうしても乗りたい時のキャンセル待ち

ポイントは2週間前と2日前

金曜夜に東京駅を出る寝台特急「サンライズ瀬戸・出雲」など、発売から比較的早い段階で売り切れる人気の指定席券は数多くある。この指定席券を押さえるうえで大事なのは、他の人より先回りをすること。つまり発売開始と同時に購入することだ。そのあたりについては106ページで解説した。このように手を尽くしてもきっぷがとれなかったとしても、あきらめてはいけない！　キャンセル待ちが最終手段として残っている。

ただ、鉄道の場合、飛行機のようにキャンセルが出たら案内してくれるというものではない。自主的にキャンセルが発生していないかを確認する必要がある。

指定席券売機で狙っている列車の空席情報を確認したり、窓口に通って係員に尋ねてみたり、こういった行為を何度も繰り返したりするのが重要だ。というのも、キャンセル狙いのライバルは他にもいて、彼らもまた空席ができていないか、虎視眈々《こしたんたん》と確認しているからだ。

なるべくなら足繁く券売機、窓口に通うのがいいけれども、毎日のルーティンとしてこれを組み込むのが難しい人も多い。そこで一つ伝授したいのは「キャンセルの出やすい日」だ。指定席券をキャンセル、つまり払い戻す場合は、購入金額から手数料を引いた額が手元に帰ってくる。この「手数料」が、払い戻す日によって以下のように異なってくるのだ。

〈指定席券、指定席特急券、寝台券の払い戻し手数料〉

・列車出発日の2日前まで：340円

・列車出発前日から出発時刻まで：30％（最低340円）

出発日前日になると手数料がいきなり上昇する。たとえば「サンライズ瀬戸・出雲」の一番リーズナブルな寝台券はソロの6600円。2日前までのキャンセルなら手数料は340円だが、前日から直前にかけては1980円もかかる。つまり、この2日前というのがキャンセル発生の可能性が高まる日なのだ。

また、旅行会社が団体分で押さえていた分については2週間前に開放するとされているので、このタイミングも一つの狙い目になってくる。

おさらい鉄道クイズ＆蜂谷プライベートクイズ

第３章「きっぷの買い方」編

第１問　寝台特急「サンライズ瀬戸・出雲」で寝台券が不要なのはどれか

①カーペットカー　②ノビノビ座席　③ゴロンとシート

第２問　青春18きっぷでできることはどれか

①ＪＲ運営の路線バスに乗る
②ＪＲ運営のフェリーに乗る
③ＪＲ運営のホテルで割引になる

第３問　蜂谷が普通列車の車内で食べてやらかしたことは

①「峠の釜めし」を落として粉々にした
②通勤列車の車内で崎陽軒の「シウマイ弁当」を食べてにおいテロを起こした
③蒸気で加熱する「網焼き牛たん弁当」で窓を真っ白に曇らせた（周囲に人が座っていた）

答え　問１：②　問２：②　問３：③

第4章

荷造りは入念に

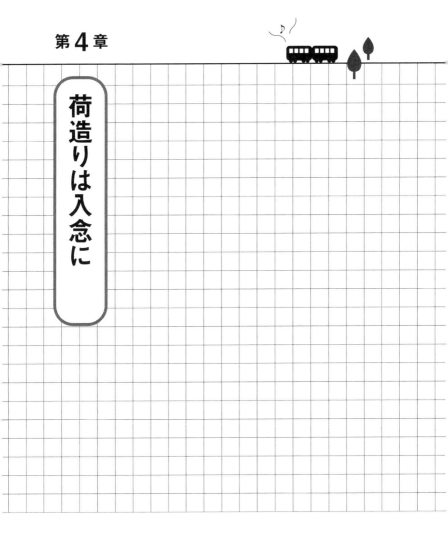

第4章「荷造りは入念に」を読む前に
鉄道用語を予習しよう！

あめにてぃ【アメニティ】
この場合、「アメニティグッズ」のこと。シャンプーやボディソープ、歯ブラシなど、ホテルの部屋に備えてあるもの。ホテルによっては「女性のお客様限定アメニティプレゼント」のサービスがある。

えきすたんぷ【駅スタンプ】
駅に置いてあるスタンプで、旅の思い出を記録するもの。近隣の名所旧跡がデザインされているものが多い。また、夏休みなどのシーズンには、限定スタンプが設置され、スタンプラリーが行われることも。

きゃりーばっぐ【キャリーバッグ】
キャリーケースともいう。スーツケースの底にキャスターがついているもので、重い荷物を運ぶときに適している。「ゴロゴロ」「ガラガラ」と呼んだりもする。多種多様な商品展開がなされており、鉄道旅行で用いる人が増えている。

さこっしゅ【サコッシュ】
小さいショルダータイプのバッグ。自転車レースで、ドリンクや補給食の受け渡しに使われていたものだが、最近ではファッションアイテムとしても用いられている。軽さと荷物の出し入れのしやすさが特徴。

じぇいあーるじこくひょうのあぷり【ＪＲ時刻表のアプリ】
「デジタルＪＲ時刻表」のこと。スマホ向けの「Ｌｉｔｅ」とタブレット向けの「Ｐｒｏ」がある。紙の時刻表を端末上で見られるほか、便利な機能が備わっており、紙の時刻表からこちらに切り替える人も多い。月額料金がかかる。

すたんぷちょう【スタンプ帳】
駅スタンプの押印《おういん》に特化した冊

子。交通新聞社『わたしの旅スタンプノート』とJTBパブリッシング『JTBの鉄道スタンプ帳』が有名。これらを使わずとも、小型のスケッチブックをオリジナルスタンプ帳にしてもよい。

すとーる【ストール】
元々は肩かけとして使われていたもの。マフラーが冬に使う厚手素材であるのに対して、ストールは薄手であるのが特徴。またコットンからウールまでさまざまな素材のものがあり、日よけにも防寒にも使える、万能な布。

てにもつ【手荷物】
列車や飛行機で、旅客が手に持って運ぶもの。JRでは「手回り品」といい、傘や杖などを除いて2個までは無料で持ち込める。ちなみに子犬や猫、鳥といった小動物は有料手回り品に該当する。

ぶらとっぷ【ブラトップ】
カップのついたキャミソール、タンクトップのこと。ノンワイヤーブラジャーとキャミソールの役割を兼ねている。ブラジャーのワイヤーで荷物がかさ張るのが嫌になって導入したところ大正解だった。色気はあまりない。

もとばらい【元払い】
送料を送り人が支払うもの。逆に受取人が支払うものを「着払い」という。ビジネスホテルの宅配サービスは、元払いにしか対応できないことが多い。旅先から送る場合は送り人も受取人も自分なので、別に何も困らない。

りゅっく【リュック】
リュックサックのこと。バックパック、ナップザックとも呼ばれる。登山やハイキングで用いられる背負袋。両手が空き、身軽に動けるのが特徴である一方、ずっと背負っていると肩が痛くなる。

れぎんす【レギンス】
足首まであるスパッツのこと。タイツと違い足首から下が覆われていないため、いつでも足湯に浸かることができる。また夏場でも日よけとして使えるものが売り出されている。特に春や秋の旅行には必需品。

旅の荷物は2つ　軽量・コンパクトを目指そう

重たい荷物は移動の邪魔、後悔の元

行程が完成し、きっぷの手配も済み、あとは出発を待つばかり。ここまで来たら、始まるのは荷造りだ。レンタカーでの旅や、観光バスツアーの場合は、車内に荷物を置いておけるけれど、**鉄道旅行では、荷物を自分で運び続ける必要がある。**シンプルに「列車に乗り続けるだけの旅」であっても、改札内では、階段を経由してホーム間の移動はあるし、特に長期休暇シーズンであれば、普通列車でも混雑し、座席争奪戦が発生する。そのため、荷物は少なめ、かつコンパクトを目指そう。あれもこれもと、たくさんの荷物を持ち運ぶのは、体力の消耗にもつながるし、道中で「なんでこんなにたくさん持ってきてしまったのだろう……」と後悔することになる。

手荷物として、おすすめするスタイルは、**貴重品を入れて常に身に着けるカバンと、着替えや宿泊道具などを入れるカバンの2つ**だ。

私の場合、貴重品入れはショルダーバッグやサコッシュなど、肩にかけられるものを使っている。また、宿泊用品については、リュックサックにすべてを詰め込んでいる。1泊から2泊程度の旅行なら普段の買い物・街歩きでも使えるような24リットルサイズを使用し、3泊以上のときは、これよりも大きめの35リットルのリュックを使用している。リュックを愛用する理由は、両手がふさがらず、また、階段などでの上下の移動でも身軽だからだ。

なかにはキャリーバッグを使いたいと思う人もいるだろう。しかしこのキャリーバッグ、海外旅行用の大型のものから、小型のものまでその種類は多様。手荷物については、JRの旅客営業規則で決まりがあり、縦、横、高さの合計が250センチ以内、なおかつ重さが30キロ以内のものを2つまでとされている。ただ、普通の旅行だと、3辺の合計が250センチを超える、または30キロの大荷物を持ち歩くことはないので、あまり参考にならない。それよりも考えなくてはいけないのは、車内で置いておく場所があるかどうかという点。車両によっては、荷物置き場が別途設けられていることもあるけれど、基本的に置き場として想定されるのは、頭上の荷物棚で、一般的な新幹線であれば、奥行きが約40センチ、高さが約30センチのことが多い。そのため、この荷棚に収まるサイズかどうかという点でキャリーバッグを選ぼう。

持って行くべき荷物はこれだ

モバイルバッテリーは忘れないように！

さて、いよいよ本格的な荷造りに入っていこう。ここでは、絶対必要なものと、あると便利なものに分けてご紹介する。

まず、絶対に必要なものとしては、きっぷと現金が挙げられる。これらがないと、そもそも旅行が始まらない。また、現金については、余裕を持たせておくほか、クレジットカードとキャッシュカードも持ち歩いたほうがいい。旅行中は何があるかわからないからだ。私自身、列車や飛行機の運休によって延泊を余儀なくされたことや、列車が遅れたために特急列車や新幹線に乗るという事態には何度も遭遇している。リーズナブル旅行でも、懐にはゆとりがあったほうがいい。

それから、健康保険証と常備薬も忘れないように！　私は旅先で体調を崩し、医者にかかったことがある。

また、泊まり旅行であればスマートフォンやカメラの充電ケーブルはもちろん必要だが、これらにプラスして、モバイルバッテリーも持ち歩くことをおすすめする。というのも、旅先では宿の場所を地図で確認したり、飲食店を検索したり、あるいはSNSに投稿したりと普段よりもスマホを大いに活用するからだ。最近は飛行機の場合は、スマホが搭乗券代わりになることも多く、充電がなくて電源が入らない……といった事態に遭遇すると大いに焦る。

これらは、134ページのうち、貴重品用のバッグに入れておくといいだろう。

一方、宿泊グッズとしては、まず着替えが必要になる。温泉であれば浴衣があるし、ビジネスホテルであればパジャマは用意されているものの、そのスタイルはホテルによって異なる。作務衣スタイルならまだいいのだけど、ぺらぺらタイプも多く、私はこれだとお腹を冷やすので、寝巻用にTシャツとユニクロのステテコを常に持ち歩いている。また、民宿は基本的に寝間着がないと思ったほうがよい。

ビジネスホテルにはアメニティが一式揃っているものの、男性仕様であることが多い。どういうことかというと、シャンプーはあるけれど、リンスインシャンプーであったり、シェービングフォームと剃刀はあるのにクレンジングオイルはなかったり……。そのため、タオル以外の入浴、洗顔に必要な一式は持参するようにしよう。

工夫次第で荷物は減る

捨てる、洗う、あきらめるでもっと身軽に

なるべく旅行中は身軽でいたい。特に鉄道旅行ならなおさらだ。究極的には旅行中一切着替えない、着た切り雀になればよいのだが、それでは人としての尊厳が失われるし、現実的ではない。ここでは、身ぎれいにしながらも軽量化の図る方法や道具を紹介する。

まず、洗面用具や化粧水、シャンプーやリンスなどについては、個包装のものが売られているほか、トラベル用のミニサイズも展開されている。**特にシャンプーやリンスには、「お試し用」としてたくさんの種類が個包装で売られている**ので、何種類か持っていき、毎晩違うものを使うのも結構楽しい。また、100円ショップなどで売られているミニボトルに、普段使っているものを詰め替えていく方法もあるだろう。私は普段、旅行用の洗面用具や入浴セットについては、無印良品で販売されているミニボトルタイプを持ち歩いている。

熟練の鉄道旅行者のなかには、着古した服で出かけ、着終わったら宿で捨てる人もいるが、

そうなると必然的に、ぼろぼろの服を着て旅行する羽目になる。しかし、おいそれと処分できるような服が手元にあるとは限らない。そこでおすすめなのが、**ホテルで洗濯をする**という手段。ビジネスホテルであれば、コインランドリー・乾燥機が設置されており、２００円前後で使用できる。洗った衣類は30分ほど乾燥機にかけ、乾燥しがちなホテルの客室に干しておくだけで、翌朝にはパリパリに乾いている。私はこの方法を採用してから、翌日以降の着替えを持ち歩かなくなった。宿で洗濯する人は、個包装の洗剤と、衣類用ネットを荷物に入れておくようにしよう。また、超小型のピンチハンガーを持ち歩くと、靴下や下着類を干すときに助かる。

加えて、荷物軽量化のために、旅先ではいろいろとあきらめることも大事だ。たとえば洗顔後に塗るクリームを、化粧水と乳液だけにして、美容液はお休みするとか、化粧下地にファンデーション、コンシーラー、その上からフェイスパウダーとはたいている人は、コンシーラーとフェイスパウダーを諦めるとか、そういったことで、荷物を減らすことができる。

また、ワイヤータイプのブラジャーだとワイヤー部分がかさ張るので、**旅行中はブラトップがおすすめ**。ちなみに私は旅行中、ブラトップのキャミソールを着用しているのに加えて、１００円ショップに5個セットで売られている使い捨ての紙パンツを愛用している。

リュック派VSキャリーバック派

優先するのは身軽さか安定感か

鉄道旅行のカバンとしては、個人的にリュックを愛用し、周囲の人にも「リュックのほうがいいよ！」と推奨しているものの、全然広まっておらず、むしろキャリーバッグのほうが圧倒的に多い。私はリュックの身軽さにほれ込んでいるけれど、長所があれば短所もあるのだ。

まず、私がリュック派である理由としては、その身軽さが挙げられる。134ページにも書いたように、**背負ってしまえば両手が空く**。何をするにも便利だ。駅でのホーム間を階段で移動する場合にも、小回りが利く。加えて、荷物の出し入れがしやすいので、傘やスマートフォンの充電ケーブルなどについて、必要なときにさっと取り出すことができる。一方で、短所としては、肩への負担が上げられる。私は取材で遠出をするときは、普段の鉄道旅行の荷物にプラスしてパソコンや資料を持ち歩くので、これらが重たくのしかかってくる。また、外側がソフトな素材であることから、手土産用に持って行くお菓子の箱などが、持ち運び中に、リュック内で変形していることがある。加えて、上のほうに入っているものは取り出しやすいものの、リュックの底のほうに入っているものを取り出すときに難儀する。

一方、キャリーバッグについては、タイヤがついている上に、背負う必要がないので、**平らな場所を動く分には、体への負担が少ない**。また、荷物を整理して入れることが可能だ。さらに、外部からの衝撃にも強いので、荷物が変形することがないなど、安定感が挙げられる。ただ、短所としては、まず、キャリーバッグだけでもすでに重量があり、エレベーターやエスカレーターがあればいいものの、階段での移動を余儀なくされるときは、なかなかの体力仕事になる。混雑した場所では、他の人の迷惑にならないように持ち運ばねばならず、ちょろちょろと移動しづらい。さらに、中から荷物を取り出すとき、お店を広げなくてはいけない構造で少し厄介だ。荷造りをする時点で、身の回り用のカバンと、キャリーバッグのどちらに入れるか、選別する必要がある。

小回りのきくリュックにするか、安定感のあるキャリーバッグにするかは、人によって判断が異なると思うので、それぞれの長所と短所を踏まえて選ぼう。

鉄旅といっても案外歩き回る！

履きなれた靴で行こう、おすすめはスニーカー

鉄道旅行というと、ずっと列車に乗りっぱなし座りっぱなしのイメージがあるけれど、別にそんなことはない。観光地にも行くし、駅から宿までも歩くし、むしろ公共交通機関しか使わないことから、車のような小回りが利かない分、かなり歩き回ることになる。

そのため**足元は履きなれたスニーカー**をおすすめする。天気予報では晴れでも、突然雨が降ることもあるので、濡れても平気で、滑りにくいタイプだと好ましい。

ふだんパンプスなどのヒール靴で生活している人にとっては、スニーカーは少し抵抗があるかもしれない。ただ、昨今のトレンドもあってか、上品なデザインで、コンサバ寄りのファッションにも組み合わせやすいものが数多く売られている。1足、旅行用に購入しておきたい。また、旅行の初日にいきなり履くと、靴擦れを起こす可能性もあるので、あらかじめ街歩きなどで履きならしておくことを忘れずに。

靴という点では、ホテルなどにあるような使い捨てのスリッパがあると、特急列車や新幹線など、長時間の移動で、足のむくみ解消になり、重宝するのでおすすめだ。

服装もスニーカーに合わせて、動きやすい格好にしよう。もっとも、旅先では「ちょっといい感じのレストラン」で食事をすることもあると思う。そこでは、カバンにアクセサリーを忍ばせておくといい。**ピアスくらいの小さなサイズであれば、コンタクトレンズの保存ケース**に入れるのがおすすめ。あるいは１００円ショップの化粧品売り場にあるような、クリーム用のケースも使える。カバンの中で迷子にならないで済む。ネックレスなど、チェーンもののアクセサリーを持ち歩くとき、私はジッパー付きのビニール袋に入れ、絡まないようにしている。

また化粧については、特急列車や新幹線であれば、洗面台があるけれども、ひたすら鈍行列車の旅の場合、車内にはトイレしかないし、化粧直しができないことも多い。日焼け止めなどのスキンケア系はしっかりと塗りつつも、マスカラなど、汗をかくと、落ちてきて黒ずんでしまうようなものは最初から諦めるのも選択肢の一つだと思っている。

車内の暑い！ 寒い！ に役立つアイテム

冷暖房の温度差と戦う女子へ

人によって感じ方が異なるのが暑さと寒さ。レンタカーの旅なら、自分にとって快適な温度に調節できるし、観光バスでも送風口の開閉によってある程度は調整が利く。それがまったくできないのが鉄道旅行だ。鉄道会社が公表している情報によれば、冷房は26度前後、暖房は18度前後に設定されていることが多いようだが、特に夏場の列車で寒さを感じたことのある人もいるのではないだろうか。私自身も身に覚えがあり、大学生だった頃、夏の夜行列車に勇敢にもホットパンツで乗り込み、一晩凍えた経験がある。

大都市圏の列車と違い、旅先の列車には「弱冷房車」なんか存在しない。とはいえ、寒いといけないからと、長袖、半袖、厚手、薄手とバリエーション豊富な着替えを持って行くのはそれだけで大荷物になるし、現実的ではない。

ここでは、体温調節に有効かつかさ張らないアイテムを紹介する。

〈ストール〉

車内が寒いとき、ストールを首に巻いておけばそれだけで保温になるし、外を歩き回るときは、日焼けを防いでくれる。ストールにもさまざまなサイズのものがあるけれど、大判を折りたたんで使うようなタイプがおすすめ。広げて使うことで、ショールのような役割を果たしてくれる。私は夏の旅行では、麻素材の大判のストールを持ち歩いている。

〈化繊のパーカー〉

1着入れておくと、助かるのがさっと羽織れる上着。ジャケットでも、カーディガンでもなんでもいいけれど、綿素材はカバンのなかでしわしわになってしまうので、おすすめなのは化繊のパーカーだ。私は数年前にユニクロで購入した薄手のパーカーを夏場の旅行でも持ち歩いている。また、フード付きであれば、小雨もしのげる。

〈レギンス〉

夏場、冷房のもとで意外に冷えるのが下半身。1本入れておくと重宝するのが、レギンスだ。足先まで覆うタイツだと、スニーカーがつるつるして滑り、少々歩きづらい。また、駅前に「足湯」があるときに、タイツだと浸かろうにも浸かれないという欠点がある。そのため、旅行中は、レギンス＋靴下の組み合わせを推奨する。

時刻表も念のために持って行こう

いつ何どき行程の修正を迫られるかわからない

行ってみないとわからないのが旅行の楽しみであり、同時に不安でもある。鉄道旅行の場合は、天候やその他の事情により列車が遅れる、最悪の場合は運転を見合わせる、なんてこともある。あるいは、寝坊などの個人的理由から列車に乗り遅れてしまうこともあるだろう。

こういったとき、せっかく行程を作っておいても、それを現地で修正しなくてはいけない。**不測の事態に備えておくためには、いついかなるときでも行程修正に対応できるよう、カバンのなかに時刻表を入れておこう**。もっとも、大判の時刻表はそれだけで大荷物になるので、旅行用には『JTB小さな時刻表』がおすすめ。ただ、76ページで解説したように、『JTB小さな時刻表』は、ありとあらゆる情報が載っているという優れた特徴を持つ一方で、字がとても小さい、という欠点がある。細かい字が苦手な人は、定期券サイズのルーペをしおり代わりに挟んでおくといい。

ちなみに『JTB小さな時刻表』は、春、夏、秋、冬の年に4回の刊行しかないため、季節の終わりになると、書店在庫がなくなる。購入する場合は、なるべく発売直後を狙おう。

また、時刻表は、不測の事態に備える以外にも使い道はある。地方の鉄道の場合は、反対列車との行き違い、特急列車に追い抜かれる、といった理由から、駅に10分以上停車することがある。このとき、時刻表が手元にあれば、発車時刻がわかり、それまでの間、ホームに降りてみたり、売店に買い出しに出たり、あるいは駅舎の外に出たりすることができる。150ページで解説するが、「駅スタンプ」を押すという時間の過ごし方も可能だ。また、時刻表には駅と駅がどれくらい離れているかといった情報もあるし、路線全体の情報がぎっしりと盛り込まれている。ただ車窓を漫然と眺めるのではなく、これらの情報も合わせて楽しむことで、鉄道旅行の面白さがより深みを増したものになるだろう。

ちなみに時刻表のうち、『JR時刻表』はスマートフォンやタブレット向けに有料のアプリケーションも出ており、紙の時刻表の代わりにこちらを利用する人もいる。アプリでも紙版と同じ見た目である上に、常に最新の時刻表という点にメリットがある。利用には料金がかかる。

地図があると、道中がもっと楽しくなる

鉄道旅行を盛り上げるアイテムたち

146ページで紹介した時刻表のように、鉄道旅行ならではのアイテムは他にもいくつかある。このページでは、私がいつも持参しているグッズ、アプリを一挙ご紹介しよう。

〈地図アプリと紙の地図〉『時刻表』にも目次としての地図はあるものの、路線図を載せることに特化しているため、非常にいびつな形になっている。そのため、別途、**きちんとした形の地図を持参する**ことをおすすめする。選択肢としては、アプリの地図と地図帳の2種類がある。

アプリの場合は、常に最新情報である上、GPS機能と連携させることで現在地がリアルタイムでわかるというメリットがある。私は、Googleの地図アプリの他、「地図マピオン」というアプリを入れ、この2つを併用している。

一方で、全体感をつかむ際には、紙の地図に軍配があがる。旅先で書き込みをし、それを再度別の旅に持参することで、自分自身の旅が1冊に蓄積されていくという楽しさがある。また、

地図帳については現在、車窓のポイントなどが記載された鉄道旅行専用の地図帳も各種出ているので、自分にとって使いやすそうなものを選ぼう。

〈GPSログ機能つきカメラ〉山や川、海といった絶景車窓は思わず写真に撮りたくなるもの。ただ、帰ってからあらためて写真を整理しなおすと、「あれ？　これ、どこで撮ったっけ？」と、撮影地がわからなくなることがある。その際におすすめなのは、GPSログ機能のついたカメラだ。**撮影地がピンポイントでわかる**ので、後で写真を見返すときの手助けになる。

〈アプリ「鉄道地質」〉鉄道ファンの間でもあまり知られていないけれど、かなり有能なアプリがこちら。今自分がいる路線が、どのような地質から成り立っているのかを視覚的に教えてくれる。地層や、地形への知識が楽しめる。

〈スタンプ帳〉昨今、寺社仏閣の御朱印がブームとなっているが、それと同様に、各駅にも工夫を凝らしたスタンプが設置されている。駅スタンプを収集するのが趣味の「押し鉄」という分野も存在しているくらいだ。旅の思い出づくりに、訪れた駅ごとに押してみるのはいかがだろうか。なんと、駅スタンプ専用の「スタンプ帳」も、書店などで販売されている。

また、筆記用具とメモ帳、ノートをカバンのなかに入れておき、気づいたことを随時メモするのもおすすめ！　創意工夫で、鉄道旅行をより充実したものにさせよう。

駅スタンプのすすめ

押した数だけ思い出が重なる

鉄道旅行の楽しみの一つに「駅スタンプ」が存在する。駅スタンプとは字面のとおり、駅にあるスタンプのことで、周辺の名所旧跡などがデザインされている。もともと伊勢参りの御朱印に着想を得て、1931（昭和6）年、福井駅で誕生した。現在では、全国に広がっており、限定のスタンプを設置した「スタンプラリー」のイベントなどもJR、私鉄を問わず大々的に開催している。

最近では、寺社仏閣の御朱印をもらう「御朱印巡り」も非常に人気が高いけれど、駅スタンプを収集する「押し鉄」も、鉄道趣味分野のなかでは、一大派閥を築いている。

鉄道趣味分野と言ってしまうと、なんとなく仰々しい雰囲気がするものの、駅スタンプのたしなみ方はいたって簡単だ。**訪れた駅で、スタンプを押すだけ**である。帰宅後に収集したスタンプを眺めていると、旅の思い出が想起されてきて楽しい。

書店に行けば、駅スタンプ専用の「スタンプ帳」も販売されており、有名どころだと『わたしの旅スタンプノート』と『JTBの鉄道スタンプ帳』の2種類が存在する。専用のスタンプ帳のいいところは、駅スタンプに合わせた判型であり、なおかつ各ページにメモ欄、日付欄があらかじめ設けられていること。また、吸い取り紙がついているので、他のページにインクが滲みるのを防いでくれる。

ただ、専用のスタンプ帳を用意せずとも、ふつうのノートを使ってもまったく構わない。私自身は文具メーカー、マルマンのクロッキーブックを愛用している。

さて、この駅スタンプ、設置場所は全国で統一されているわけではない。改札内にあったり、改札外にあったり、あるいは普段は片付けてあったりして、「スタンプありますか」と尋ねることで初めて奥から出してもらえるなんてことも。加えて、**全国すべての駅にあるわけではない**。「うち、置いてないんですよね」と言われ、撃沈することもある。これもまた旅の思い出の一つだ。

乗降する駅で押したり、あるいは長時間停車中に押しに行ったり、楽しみ方はいろいろある。駅によっては、なぜか何種類も存在していることもある他、久しぶりに訪れるとスタンプのデザインがリニューアルされていることもある。それゆえ駅スタンプは、長い付き合いのできる旅の楽しみ方だ。

女性ならではの荷物もぬかりなく

男性鉄道旅行者には内緒の本音トーク

鉄道旅行の楽しみ方には、男女の区別はまったくないし、老若男女問わずに、誰でも夢中になれる趣味だ。ただ、そうはいっても荷物という点では少々異なってくるし、こればかりは男性に相談しづらいもの。

ここではそんな女性ならではの旅支度に焦点をあててみようと思う。

〈洗面道具は一通り持参〉136ページでもすでに書いたが、ビジネスホテルの場合、基本的なアメニティは一通り揃っている。しかしこれが得てして「男性仕様」になっている。洗顔フォームがハンドソープと兼用だったり、シャンプーが「リンスインシャンプー」で、洗うと髪の毛がばさばさになったりするものだったり。あと、クレンジングオイルが、ほとんどのホテルには存在しない。親切なところだと「女性のお客様限定でアメニティセットプレゼント」といって、化粧水や乳液などを渡してくれるところもあるが、少数派であるため期待してはいけない。**洗顔フォーム、クレンジングオイル、シャンプー、リンス、化粧水、乳液は持参しよう**。なお、ドライヤーについてはホテルに完備してあるので、不要だ。

〈下着はかさ張らないもので〉荷物の中で、意外にかさ張るのがブラジャー。ワイヤーの形状が邪魔だ。そこでおすすめなのが、ブラトップ。ワイヤーが入っていないし、1着でキャミソールとブラジャーの役割を両方果たしてくれる。また、パンツについて、私は100円ショップに売られている、使い捨ての「紙パンツ」をリピートしている。5個セットで100円というリーズナブルな価格なので気軽に使えるし、旅が進むにつれ、わずかではあるものの荷物の減っていく感じがなんとなく嬉しい。

〈生理用品は念のために持っていこう〉生理用品はコンビニエンスストアや駅の売店で販売されており、いざとなったらそこで購入すれば事足りるものの、長時間列車に乗り続ける場合、買いにいく時間を確保できないこともある。また、宿泊地によっては駅や宿近隣にコンビニ、ドラッグストアなどがないことも往々にしてある。そのため、少なくとも**1日分の生理用品は念のためにカバンのなかに入れておいたほうがよい**。また、東京や大阪の中心部を走る列車やJR四国の普通列車以外であれば、基本的に車内にトイレはあり、汚物入れも設置されているので、この点は安心してほしい。

宅配便の活用

自宅からホテルへ、ホテルから自宅へ、荷物を送る

荷物を減らす工夫はいろいろあるけれど、実は一番てっとり早い方法なのが、宅配便を利用してしまうことだ。**宅配便の活用方法としては自宅からホテルへ送るパターンと、ホテルから自宅に送るパターンの2種類**が挙げられる。

このうち最初のパターンは、先々必要になってくる着替えなどを、旅行に出かける前に、自宅から宿泊先の宿に送ってしまうパターンだ。事前に宿に電話をかけ、荷物を送る旨を伝えておくと、送り状の書き方を教えてくれるし、後からトラブルになることもない。また、届いた荷物については、チェックイン時にフロントで受け取るパターンが多いが、親切なところだとあらかじめ部屋まで運んでおいてくれることもある。これによって、着替えというかさ張る荷物を減らすことに貢献する。

逆にホテルから自宅に送るパターンは、すでに着終わった衣類、あるいは道中で購入したお

土産などを送ること。１つ目のパターンと併用することで、梱包用材を再利用することが可能だ。また、着替えや旅の途中で購入したお土産を持ち歩かなくて済むので、かなり身軽に旅を続けることができる。ほとんどの宿には送り状が用意されているので、フロントで、宅配便を利用したい旨を伝えよう。

私の知る限り、ビジネスホテルなどで取り扱う宅配便は、ほとんどが元払いなので、この点だけは注意しておこう。加えて、宅配便は有料のサービスであるうえに、配達先が遠ければ遠いほど料金も高額になってくる。小さな荷物であっても、それなりの値段がかかる。数泊する旅行で、毎晩のように荷物を送っていると、ばかにならない金額になるので、計画的に利用するようにしよう。

それから、交通機関にトラブルが発生すると、荷物が予定日に届かない、なんてこともある（経験談）。なので、特に、**自宅から宿に送る荷物については、余裕を持って発送の手続きを行いたい**。自宅からの宅配便の場合は、宅配業者に連絡して集荷に来てもらう方法、直接集配センターに持って行く方法、近隣のコンビニに持ち込む方法がある。

ホテルを拠点に1日旅を楽しむことも

移動しない日があっても構わない

鉄道旅行だからといって、何も鉄道だけ、移動だけに特化する必要はない。どうしても毎日のように移動をしていると、疲労もたまってくるし、何よりも、移動を優先しすぎるあまり、観光ができずに終わってしまうことも多い。事実、私がJR全線完乗に躍起になってひたすら鈍行列車で乗り潰しをしていた学生時代、おはようからお休みまで列車に乗り続ける旅行ばかりで、まっとうな観光を全然してこなかった。列車の乗り継ぎで1時間ほど時間ができたとき、駅前をふらふらと散策するくらいが関の山だった。お陰でその当時は駅周辺の状況にだけはやたら詳しくなるという副効用はあったのだが。これは極端すぎる事例だ。

むしろ、せっかく名所旧跡が豊富な地域を訪れるのであれば、そこでもたっぷり時間をとるほうが、旅行としてはバランスがよいだろう。**思い切って宿に連泊するのもアリだ。**

連泊すると一番嬉しいのが、荷物の運び屋から解放される点。街歩き、観光に必要なものだけを貴重品用のカバンに入れて出かければよい。リュックやキャリーバッグ、およびその中に詰め込んでいる荷物はホテルの部屋に置いておいて大丈夫なので、身軽に1日を過ごすことができる。

連泊で助かるのはこれだけではない。終日、客室を使用することができるので、疲れたらいったん宿に戻り、一休みしてから再出発という使い方も可能だ。実際、私が取材で遠方に出かけるとき、かなりの早起きが多いが、連泊しているときなら、ぽっと空いた時間にはいったん宿に戻り、軽く昼寝をとるということもまれにある。

ちなみに、ホテルは、チェックインが15時、チェックアウトが10時に設定されていることが多いけれど、**チェックイン前や、チェックアウト後にも、フロントで荷物を無料で預かってくれる**。このサービスも旅行中は大いに活用し、荷物運びで余計な体力消耗をしないようにしよう。

蜂谷の持ち物チェックリスト

荷造りをものの10分で完了させる秘密

あれこれと鉄道旅行に必要な荷物の解説をしてきたが、ここで実際に私が何を持って旅に出ているかを紹介する。これを基本として、チェックリストを作ってみた！

カバン

□サコッシュ（貴重品などを入れておく）
□リュック（24リットルサイズ、または35リットルサイズ）

カバンの中身

□きっぷ
□スタンプ帳（クロッキーで代用）
□JTB小さな時刻表
□カメラ↓ミラーレスカメラのCanon EOS R10を使用
□地図

□財布↓日常生活では長財布を使用しているが、旅行では三つ折りの小さい財布を使用。
□現金のほか
□クレジットカード
□健康保険証
□キャッシュカード（郵貯とメガバンク）
□運転免許証
□行程表
□筆記用具、ノート
□ハンカチ、ティッシュ
□折りたたみ傘
□メガネ
□スマートフォン
□モバイルバッテリー
□USBケーブル2本↓車内充電用に1メートルを1本と、モバイルバッテリー用に20センチを1本。
□コンセントタップ↓AC用、USB用がそれぞれ2口ずつ付いたもの
□常備薬↓頭痛薬と腹痛の薬
□フェイスタオル↓日帰り温泉や銭湯用に1枚は持ち歩いている
□スーパーの袋2枚↓車内で出たごみをまとめるときなどに役立つ
□マスク↓車内が乾燥しているときに使う
□使い捨てスリッパ↓新幹線で長時間移動するときなどにリラックスできる
□ストール、薄手のパーカー、レギンス↓夏場、車内が寒いときに利用する
□耳栓↓早朝の新幹線で寝るとき、いびきをかいている人がいると嫌だから

宿泊セット

□シャンプー
□トリートメント
□ボディソープ
□洗顔料
□クレンジングオイル
□ブラシ
□歯ブラシ
□コンタクトレンズケース
□コンタクトレンズ保存液
□化粧水
□乳液
□ボディクリーム
□ダッカール（髪留めのクリップ）
□寝ぐせ直し
□制汗剤
□化粧品→旅行中は少な目（マスカラ、ビューラーはお留守番、など）
□生理用品→1日分は常に持ち歩いている

消耗品はミニボトルタイプ。コンタクトレンズ保存液もトラベル用。入浴時には髪留めが必須。麺類を食べるときにも役立つ。

着替えセット

洗濯しない場合
□寝間着用のＴシャツ
□ステテコ
□使い捨て紙パンツ（5個セット100円で売られている）
□翌日分の着替え

ビジネスホテルで洗濯する場合
□寝間着用のＴシャツ
□ステテコ
□使い捨て紙パンツ（5個セット100円で売られている）
□個包装の洗濯洗剤
□折り畳み小型ピンチハンガー（部屋干し用）
□洗濯ネット

冬ならではの追加持ち物
□インナーもう1枚

小分けのポーチが役に立つ

洗濯するなら折り畳みのハンガーを

入浴セットは化粧ポーチ、着替えはトラベルケース、充電関係は布ポーチなど、ある程度まとまったかたまりにして、カバンの中で迷子にならないようにしている。また、入浴セットなど、旅先でしか使わないようなものや、スーパーのレジ袋、マスクなどはもとからリュックに詰めてある。このように、「旅行セット」ができていれば、荷造り自体はものの10分で完成する

加えて、1日の行動のなかに「洗濯」を盛り込むことで、宿泊数によって荷物の量はさほど変化しない（紙パンツの枚数が増えるくらい）。

ちなみに、一番時間をとられるのは「何着ていこうかな～」のセルフファッションショータイムで、特に春や秋などといった季節の変わり目は大いに悩む。

おさらい鉄道クイズ＆蜂谷プライベートクイズ

第4章「荷造りは念入りに」編

第1問　リュックサックのデメリットとして正しいものはどれか

①階段の移動がしづらい

②単純に重い

③荷物を取り出すとき、「お店を広げる」ことになる

第2問　荷物に入れておいたほうがいいものはどれか

①折りたたみ傘　②ポケットワイン　③除光液

第3問　蜂谷が車内に忘れたものの、運転士、車掌が救出してくれて助かったのはどれか

①リュック

②大阪駅で大人買いしたイコちゃんグッズ（うん万円相当）

③帽子

答え　問1：②　問2：①　問3：全部

第5章

旅に出発

第5章「旅に出発」を読む前に
鉄道用語を予習しよう！

うんきゅう【運休】
列車が運転を取りやめること。旅先で遭遇したくない言葉の一つ。代行バスなど、代わりの交通手段が用意されることも。「運転見合わせ」は、再び運転することを前提としている言葉なので、いくらか希望が残っている。

えきそば【駅そば】
駅のホームなどにあるそば店舗のこと。立ち食いスタイルが基本。早い、安いが売りで、比較的早朝から営業しているので、朝ごはんにすることもできる。地域によってダシが違うなど、ご当地色も強い。

えきなか【駅ナカ】
改札内外を問わず、駅敷地内にある商業施設のこと。ただ、「大回り乗車」などの場合は、文脈的に「改札内」に限定される。特に主要駅の場合、飲食店や土産物店などが充実している。食事は少し高めな印象がある。

○○だっしゅ【○○ダッシュ】
夏休みなど休暇シーズンになると鈍行旅に繰り出す人が増え、列車の本数が少ない乗継区間では、次なる列車の座席確保のため大勢がホームを駆けていく。駅名と組み合わせて大垣ダッシュ、水上ダッシュなどと呼ばれる。

こいんろっかー【コインロッカー】
硬貨の投入で施錠する有料のロッカー。最近はICカード対応のものも多い。中規模以上の駅には大体設置してある。100円専用なので、小銭に余裕を持たせておくと、慌てないで済む。

じどうかいさつ【自動改札】
自動改札機のこと。地方の無人駅だとIC専用の簡易自動改札機だけ設けられていることもある。このような場合、きっぷで乗車する人は、車掌、または運転士にきっぷを見せる。

じどり【自撮り】
一人旅の場合、写真を撮ってくれる人がいないため、スマートフォンのインカメラを利用した自撮りに頼りがちになる。自ずと、自撮りスキルが磨かれたり、きれいに映るアプリに詳しくなったりする。

じょうしゃへんこう【乗車変更】
きっぷの使用開始前であれば、同じ種類のきっぷに手数料なしで変更してもらえる。指定席特急券の場合は、列車の時刻を変えるなど。2回目以降は、払い戻して買い直しになるため、手数料が発生する。

ちえん【遅延】
列車が遅れること。特急列車が2時間遅れると、特急料金が払い戻されるので、「いっそ遅れるなら2時間以上遅れてほしい」と内心思うこともある。不運のなかで行程を練り直すスリルは、慣れると病みつきになる。

のりば【乗り場】
列車に乗る場所。会社によって「1番乗り場」「1番線」など、番号で振り分けられている。たまに「0番」もある。また、1つのホームに切り欠き部分を作り、2つの乗り場を設けていることもあり、旅の初心者泣かせ。

ゆうじんかいさつ【有人改札】
係員のいる改札口。地方に行くと、自動改札機がなく有人改札のみのこともある。駅スタンプのありかが見つからないときは、有人改札で尋ねてみよう。なお、途中下車は自動改札機で対応可能。

わーぷ【ワープ】
普通列車の旅を続けるなかで、一部区間だけ特急列車、新幹線に乗ること。特に「青春18きっぷ」使用時に、このワープを使いこなすことができると、鉄道旅行者としてのレベルが上がる（と私は思っている）。

改札で見せるきっぷはこれだ

有人改札口と自動改札機を使い分けよう

行程ができて、きっぷもそろって、荷造りも完了して、ようやく旅立ちだ。鉄道旅行はまず改札を入るところから始まるけれど、手元にはたくさんのきっぷが……。自動改札機には何を通したらいいのか、有人改札では係員にどれを見せたらいいのかがわからなくなる人も多いと思う。スマートに改札を抜けるためにも、ここでは改札を通るのに必要なきっぷを説明する。

まず、普通列車や特急列車に乗るとき。この時は乗車券があれば大丈夫。特急列車であれば特急券も手元にあるが、それは改札では出しても出さなくてもどちらでも構わない。

続いて、新幹線に乗るとき。旅そのものを新幹線で始めるときもあれば、在来線から乗り換え改札を経て新幹線に乗車することもある。どちらの場合も、**新幹線改札口では乗車券と新幹線の特急券の2枚**を出そう。どちらかが不足していると、改札を通ることはできない。

都心部に住んでいる人は、新幹線に乗車する駅まで、ＳｕｉｃａやＩＣＯＣＡなど交通系

ICカードを利用することもあると思う。このときは少し複雑だ。まず、**乗車券と特急券を自動改札機のきっぷ投入口に入れる。その後に、ICカードをカード読み取り部にかざす。**この順番が逆だと、改札をうまく通ることができない。

また、お得なきっぷの場合も、基本的には自動改札機を利用することができる。もし有人改札口しかなければ係員に見せよう。

注意したいのは「旅名人の九州満喫きっぷ」など一部のお得なきっぷ。自動改札があっても、利用することはできない。必ず係員のいる改札を利用しよう。一人で利用しているときは、「○日目です」と係員に伝えることで、該当する箇所に日付印を押してくれる。以降、改札を通るときにはその部分を見せることになる。

また、複数人で1枚の「旅名人の九州満喫きっぷ」を利用するときは、必ず同行者全員で改札を通る必要がある。そのうえで「○人分です」と人数を伝えると、その数だけ日付印を押してくれる。以降の乗り換えでも同行者全員で改札を通ることになる。「お手洗いに行っている人が一人いて、後から来ます」が通じないので、この点は注意しておこう。

乗り場がわからないときは、見上げる

もうホームで迷わない！ コツがわかればすいすい移動

無事に改札を通ることはできたものの、乗り場がわからない……！ 旅先の知らない駅だとこんなふうに困ってしまうこともあるだろう。

有人駅の場合、一番手っ取り早いのは、改札で係員の人に、行先を告げて、乗り場がどこかを尋ねてしまうことだ。そうすれば「○番乗り場ですよ」と教えてくれる。

とはいえ、せっかくなら乗り場も自分で見つけたいもの。こういったとき重要なのは視線を上のほうに持っていくこと。大概の乗り場案内は、頭上に掲げてあることが多いからだ。

駅に掲出されている乗り場の案内は大きく分けて2つのタイプがある。1つ目は、電光掲示板タイプのもの。直近に発車する列車が掲載されており、改札部分に設けられていることが多い。掲示板では、列車の発車時刻、行先、そして乗り場の3つが表示されている。このうち「行先」というのは、その列車の終点を示す。72ページで行程表の作り方を説明した時、どこからどこまで乗るかだけでなく、その列車の終点まで記入したのは、このためだ。駅や掲示板によっては、丁寧に途中停車駅の案内をするところもあるけれど、そうではなく終点だけの案内のほうが圧倒的に多いので、自分がどこまで乗るかではなく、**「自分の乗る列車がどこまで行くか」を気にするようにしよう**。

乗り場の案内の2つ目としては、電光掲示板ではなく、ホーム上や跨線橋に、最初から設置されている案内板がある。これらには、基本的に列車の時刻は乗っておらず、路線名や行先、方面などで案内がなされている。手元の行程表の路線名と行先を手掛かりに、ホームまで移動しよう。また、ホームには、時刻表が掲示されていることが多いので、不安な時は、時刻表の発車時刻と、行程表に記入した時刻表を照らし合わせることをおすすめする。

ちなみに、乗り場は路線ごとに決まっているのだけれど、いくつかの列車だけ例外的に別の乗り場から発車することがある。その案内も改札内に掲出されているので、見落とさないように気をつけよう。

乗車位置は視線を下げる

乗車位置がわからないときは、高校生に注目する

無事に乗り場までたどり着くことができたら、次に気になってくるのは列車がどこに停車するか。地方の駅のなかには、過去に夜行列車や特急列車が停車していた名残で、やたらホームは長いのに、やってくる列車は3両編成なんてことがある。間違った場所で待っていると、列車が到着してから「え、あんな遠くに停まったの……！」と焦りながら猛ダッシュすることになる。

一般的に、列車の乗車位置は足元に記されている。乗り場を調べるときは頭上を見たけれど、今度は視線を下げてみよう。

また、特に関西圏では、列車によって乗車位置が異なることがある。足元を見ると、○、△、×といった記号が記されている。どの記号のところで待てばいいかは、頭上の電光掲示板が教えてくれるほか、「足元の三角印のところでお待ちください」といったアナウンスがホーム上

で流れるので、それに従おう。

注意が必要なのは、列車に車掌が乗務しておらず、運転士がきっぷと運賃の回収も行うワンマン列車に乗るとき。有人駅であれば、列車のすべてのドアが開くため、どのドアから乗降しても構わないのだけれど、無人駅の場合はそうもいかない。列車を降りるときは、一番前から降りればいい。難しいのは、乗車するとき。最近は車内の保温のため、ドアが自動で開かず、ドア横のボタンを押して自分で開閉して乗り込まなくてはいけない。誤ったドアの場合は、ボタンを押してもドアは開かない。

では無人駅からワンマン列車に乗るとき、どこから乗るのが正しいのだろうか。正解は、先頭車両の後ろのドア。列車が何両編成であっても、一番前の車両の一番後ろのドアが乗車口になる。

それから、前述のとおり、乗車位置については、基本的にホームに記されているので、それに従えばいいのだけれども、まれに示されていないことがある。この場合は、周りの人をよく観察するのがおすすめ。地元の中高生など、普段からその列車に乗り慣れている人は、正しい乗車位置の付近で列車を待っているので、その人たちと同じような位置で列車を待とう。

駅のコインロッカーをフル活用

身軽になって観光に繰り出そう

鉄道旅行とはいえ、降りた街で時間があるのなら観光にも繰り出したいもの。このときネックになってくるのは、着替えや洗面道具一式が詰まったリュックやキャリーバッグだ。これらを持ち歩くと邪魔になってしょうがないし、何より重たい。身軽になりたいときの強い味方は、駅に設置されているコインロッカーだ。

コインロッカーは、駅の改札内、または改札外に設置されており、必ず案内が出ている。ロッカーのサイズがいくつかあり、一番小さいものだと３００円〜４００円前後で利用することができる。一人分のリュックやキャリーバッグならこれで十分に事足りる。

注意してほしいのはお金の投入口が１００円硬貨専用である点。ぴったりの金額を１００円玉で揃える必要がある。手元に１００円玉がないときは、改札の係員にコインロッカーを使う旨を伝え、両替してもらおう。ちなみに旅先ではこんなふうに小銭を使うことが多いので、小銭と1000円札に余裕を持たせておこう。路線バスも両替は1000円札までしか対応していない。

また、都市部の駅ではSuicaやICOCAといった交通系ICカード対応のコインロッカーも増えつつある。これらは料金をICカードで料金を支払うことになる。加えて、**ICカードが鍵代わりにもなる**。現金専用のコインロッカーよりもスムーズだし、何より鍵をなくす心配がないのでおすすめだ。

なお、コインロッカーは必ずしもすべての駅にあるとは限らない。鉄道会社各社は、各駅の情報についてインターネット上に載せているので、心配なときは、あらかじめ「○○駅　コインロッカー」で検索しておくこと。

街の中心となる駅の場合、駅に隣接して観光案内所が併設されていることもある。案内所内にコインロッカーがあったり、窓口の人が預かってくれたりするサービスもあるので、駅にコインロッカーがない、あってもすべて使用中だったというときに備えて、次善の策としてこちらも覚えておこう。ただ、駅のロッカーは、列車の動いている時間ならいつでも利用できるのに対し、**観光案内所は17時～18時前後の営業終了時間までしか預かってもらえない**。

途中下車は、こんなに簡単

自動改札と有人改札のとき、それぞれを解説

108ページで解説した、目いっぱいに長い距離の乗車券を使うときは、各下車駅は「途中下車」という扱いになる。どうやって改札を出るのか不安になる人も多いだろう。実はとっても簡単なのだ。

まず、途中下車する駅の改札が自動改札のとき。**改札のきっぷ投入口に乗車券を入れるだけ**で済む。投入した乗車券は改札を出てくるので、受け取るのを忘れずに。途中下車した駅から再び列車に乗るときも、改札の投入口に入れれば大丈夫。

一方で有人改札の場合は、係員に乗車を見せながら「途中下車をします」と一言伝えよう。するといったん係員が乗車券を受け取り、**「途中下車印」という途中下車の証になるハンコを押してくれる**。再び列車に乗るときは、この乗車券を係員に見せて改札を入ろう。

有人改札で途中下車を繰り返していると、乗車券が途中下車印まみれになってくる。旅の思

い出が一枚のきっぷに詰まっているような状態だ。本来であればきっぷは、最終目的地に到着した時点で回収されてしまうのだけど、記念に取っておくのもおすすめ。記念に持って帰りたい人は、自動改札のある駅でも有人改札に回り、係員に「記念にください」と伝えよう。無効印と呼ばれるハンコを押したうえで、渡してもらえる。

それから、途中下車について一つ注意点がある。**次に掲げる都市から始まる、あるいは終わる乗車券の場合、その地域内では途中下車をすることができない。**

●札幌市内 ●仙台市内 ●東京23区内 ●横浜市内（川崎市内の駅も一部含む） ●名古屋市内 ●京都市内 ●大阪市内（一部大阪市外も含む） ●神戸市内（一部駅を除く） ●広島市内（一部広島市外も含む） ●北九州市内・福岡市内（一部駅を除く）

たとえば、東京都区内発の乗車券を持って、東京駅から旅を始める場合、同じく都内にある品川駅では途中下車ができない。また逆に、静岡発東京都区内行きの乗車券で旅をしているときは、最初に改札を出る東京都区内の駅で乗車券を回収されてしまう。途中下車にもこうした細かな制約があるので、注意しよう。

特急、新幹線に乗り遅れそうなときに読んでほしい

せっかくの特急券をただの紙切れにしないために

特急列車に乗り遅れた！　新幹線に乗り遅れた！　寝坊だったり、観光を楽しみすぎたりと理由はさまざまだけれど、旅行中にはこんなことがないとは限らない。手元にあるのはすでに発車してしまった列車の指定席特急券。起きてしまったことは悔やんでもしょうがない。

さて、このような時、手元の指定席特急券の扱いはどうなるのだろうか。正解は、払い戻すことも交換することもできないけれど、ただの紙切れにはならない。

指定席特急券というのは、発車時間がすぎると残念ながら無効となり、払い戻しや変更はできない。しかし、同じ日の特急列車、新幹線であれば、自由席に限って乗車することができる。

たとえば、東京発新大阪行きの東海道新幹線の指定席特急券を持っていたとして、なんらかの事情で指定された列車に乗ることができなかった場合は、その日の東海道新幹線の自由席に乗車することができる。端的に言ってしまうと、**指定席特急券から、自由席特急券に性質を変**

えるということだ。ちなみに指定席特急券は自由席特急券にくらべて、指定席分だけ値段が高く設定されているが、残念ながらこの差額については返金してもらうことができないので、涙を飲むよりほかはない。

また、東北新幹線の「はやぶさ」、北陸新幹線の「かがやき」のように、全車両がすべて指定席という編成の列車の場合は、自由席がないため、乗り遅れた場合の**指定席特急券は立席《りっせき》特急券に変貌**する。

立席とは読んで字のごとく「立って乗る特急券」のこと。ただ、JRもそこまで意地悪ではないので、空いている席があったら座っても構わない。もっとも、その座席の指定席特急券を所有している人が現れたら譲らなくてはいけないし、混雑する時期の場合は、ずっと立ちっぱなしになる可能性もある。

一方、指定席特急券を持っている列車がまだ発車していないけれども、このままだと乗り遅れてしまいそうだ……というときには、乗車変更をすることが可能だ。乗車変更とは、指定された列車を変更することができるというもの。乗り遅れそうな時であれば、より後の時間帯に発車する列車の指定席券に手数料なしで交換してもらえる。ただしこの**乗車変更は「1回まで」**という決まりがあり、2回目の変更は、一度払い戻すことになる。

旅先で使いたい他の移動手段

鉄道以外の乗り物にもチャレンジしてみよう!

立ち寄るエリアによっては、駅から観光地までが離れていることもある。そういうときは積極的に他の移動手段を利用してみよう。

一番簡単なのは、タクシーを利用してしまうもの。街の中心となる駅であれば、駅前にタクシー乗り場があるので、そこから乗車することができる。

また、非常にハードルが高いけれど、使いこなすことができたら旅行上級者になれるのが「路線バス」だ。鉄道にくらべてなんとなく難しそうに思えてしまうのは、発着時刻がよくわからない、経由地がよくわからない、運賃がよくわからない、などなど複合的な要因によるもの。平たく言ってしまうと、地域やバス会社によって、ぜんぜん違うし、鉄道のように単純明快な時刻表、路線図で示されていないからである。ローカル色が強いのもその一因だろう。

路線バスのなかでも**観光旅行者向けなのは「周遊バス」**だ。主要な観光地を巡るもので、運賃一律のもの、あるいはあらかじめ「1日乗車券」を購入して利用するものなども多い。これらは、コースが明確なうえ、一般の路線バスとは別にバス停が立っていることもしばしばある。観光客向けの路線バスがあるかどうかは、事前にウェブで調べておくことをおすすめする。「観光地名　バス」で検索をかければヒットするはずだ。また、観光用とはいえ、必ずしも運行本数が多いとは限らないので、利用する際には、あらかじめ行程表にバスの時刻も組み込んでおこう。一方、観光用ではなく、一般の路線バスというと、鉄道旅行者にとって最上級レベルとなってくる。実は路線バスの時刻も大判の時刻表と『JTB小さな時刻表』には掲載されている。また、主要なバス停間には限定されるが、運賃も併せて載っている。探し方は簡単で、列車の時刻を調べるとき同様に、目次となる地図のページでお目当ての路線を探せばよい。慣れてくると、鉄道と同じような感覚で使うことができるようになるし、路線バスによる長距離移動を楽しむ人もいる。実際、私自身も、特に北海道では片道3時間コースの長距離路線バスに乗り、鉄道同様の過ごし方をしている。ただし路線バスはトイレがないので要注意（長い路線だと、トイレ休憩が入ることもある）。

特急料金が戻ってくることがある？

列車そのものが遅れたとき

特急列車に乗ったにもかかわらず、特急料金が全額返ってくる。まるで冗談のようだけど、本当の話だ。ただし、とある条件下のときのこと。

その条件とは……。乗車している特急列車、新幹線が遅れたときだ。具体的には**2時間以上遅れたときに、特急料金が全額返ってくる。**

また、すでに乗車している特急列車がなんらかの理由で運転を取りやめてしまったときは、後続の特急列車に乗車することができる。この場合は、取りやめた列車の特急料金が全額返ってくる。

具体的な例に落とし込んで考えてみよう。このような特急列車の遅延でよく話題になるのは、寝台特急「サンライズ瀬戸・出雲」だ。上り列車は、出雲市駅、高松駅を発車後、岡山駅で連結し、翌朝の7時8分に終点の東京に到着する。ということは、なにかの理由があって列車が遅延し、東京駅に到着する時刻が9時8分以降だった場合に、特急料金が全額戻ってくることになる。

また、寝台列車は乗車に際しては、乗車券、特急券とともに寝台券を購入する必要があるのだが、この寝台券の料金が全額返ってくる場合もある。それは朝の6時までに列車が運転を取りやめたときだ。

これら全額返金となるきっぷについては、後日窓口に持って行けば精算してもらうことができるので、なくさないように大事にとっておこう。

なお、ここまで説明したのは鉄道会社側の理由で運転ができなくなったときの話。逆に、旅行者側の理由で、きっぷを購入していたけれど乗らなくなり、払い戻しをすることもある。

一度購入してしまったきっぷを払い戻すときには手数料が発生するので気をつけよう。手数料の具体的な額については、きっぷによって、また払い戻す時期によって異なる。また、クレジットカードで購入したきっぷについては、払い戻す際に同じクレジットカードが必要になる。手元にないときに払い戻しをする場合は、証明印を押してもらい、後日、クレジットカードを持参のうえ、改めて手続きを行うことになる。

払い戻しは、旅行出発前、特急列車であれば発車前までに限られているので、なるべく早めに手続きをしよう。

大垣ダッシュ、水上ダッシュ！

混雑する乗換駅の風物詩

鈍行列車の旅と聞くと、流れる景色に身を任せてのんびりゆったりのイメージが非常に強い。しかしこれらが大きく覆されることがある。それが「水上ダッシュ」、「新白河ダッシュ」と呼ばれるものだ。

これらは名称についている各駅で発生する、乗り換え時の席取り合戦だ。過去には長期休暇シーズンに運行された、東京発大垣行きの臨時快速「ムーンライトながら」到着時の大垣駅でよく見られ、「ながら」に乗ってきた人たちが、接続する列車に殺到した。しかも乗り換えには、階段、跨線橋を越えていく必要があり、なかなかの混乱ぶりを呈する。

当時ほどの混雑は見られなくなったものの、名古屋方面からの列車で大垣駅にやってくると、ほぼ必ずこのエクストリームな乗り換えに巻き込まれることになると思っていたほうがよい。というのも、次に乗り換える列車が極端に短い編成（2～4両）だからだ。

こういった乗り換え時に駅が極端に混雑するのは、大垣以外でも見られる。大垣の次いで有名なのは、水上駅だろうか。水上駅の場合は、前橋方面からやってくる列車はそこそこ本数が多いものの、水上の先、長岡方面に北上する列車の本数が極端に少ない。そのため、水上止まりの列車から、長岡方面行きの列車に乗り換える人たちで、ホームが大混雑するのだ。ちなみに水上駅でも乗り換える場合には、階段、跨線橋を越えていく必要がある。また、東北本線で北上、または南下する旅の場合は、新白河駅でも同様の混雑が見られる。

このように、列車の本数が極端に少なくなる区間、あるいは列車の編成が極端に短くなる区間においては、座席争奪戦が必然的に発生するが、なるべくならこういったことに巻き込まれず、もっとおっとり旅がしたいもの。

回避策としては早めに到着しておくこと。たとえば水上駅の場合、長岡方面行きに接続する列車の1本前に到着し、早めに乗り換え列車を待っていれば、このような争いに身を投じずとも楽々着席ができる。待ち時間は駅周辺の探索や観光に充てれば旅としての充実度もアップする。こうしたワザは、最適な行程づくりの天才である「乗り換えアプリ」は教えてくれない。アプリは基本的に、大垣ダッシュ、水上ダッシュに巻き込まれる行程を提案してくるので、時刻表を使って、座席争奪戦回避行程を作ることが重要だ。

乗り換え時間が1時間あったら街にでよう

駅前温泉とレンタサイクルで観光時間

183ページでは、乗り換え混雑回避策として、「早めに到着する」という手段を紹介した。この場合、次の列車まで、いくらか時間が生じることになる。また、順調に乗り換えを続けていくような旅であっても、接続の関係上、1時間前後の時間を持て余すことがある。

この1時間、待合室で過ごしてもいいけれど、それだけでは味気ないし、せっかく下車したのなら、駅の外に飛び出してしまおう。短い時間に観光をするとき、あれば助かるのが観光案内所だ。街の中心となる駅であれば、隣に併設されていることが多いので、窓口の人に「手早く回ることのできる観光地はないか」と尋ねてみよう。

また、**駅近くに日帰り温泉があるのなら、そこで旅の疲れをいやすのもおすすめ**。ちなみに私は、いつ何時お風呂と出くわすかわからないので、常にタオルを持ち歩くようにしている。

さらにあると嬉しいのが、レンタサイクル。最近は**レンタサイクルのサービスを提供してい**

る観光案内所も増えている。積極的に利用してみよう。

ちなみに、183ページで紹介した水上駅は、まさに水上温泉郷の玄関口にあたる。駅からは観光用の周遊バスが出ているほか、レンタサイクルが用意されている。私が水上乗り換えをするときは、長岡方面行き列車の発車時刻よりも1時間以上早めに到着しておき、レンタサイクルを活用して、日帰り温泉施設に出向いている。女性の場合、全身を洗ってしまうと、入浴後に髪の毛を乾かす、化粧を直す……といった具合に時間がかかり、1時間ほどの乗り換え時間の間に入浴を完了させるのが難しい。こういったときは、いっそ洗髪と洗顔は諦めて、体を洗うだけにするのも一つの選択だ。

また、大々的に観光をしなくても、駅前にある喫茶店なんかで時間を過ごすのも楽しい。地元の人の社交場になっていることが多く、「どこから来たの？」と会話のきっかけをもらい、そのまま話が弾むこともあるし、地元の言葉で会話する人たちのやりとりに耳を傾けているだけでも、遠くに来たことを実感できる。

列車の写真を撮るときに気をつけたいこと

フラッシュ機能はあらかじめオフにしておく

旅の思い出に写真を撮る人は多いだろう。鉄道旅行の場合は、乗った列車や車内の様子、それから車窓も記念に撮っておきたい。ただ、列車の写真を撮る場合には、いろいろとルールがあるので、絶対に守ってもらいたい。

一番やってはいけないのは、カメラのフラッシュ機能を使うこと。特に、走行中の列車の運転士に向かってフラッシュはご法度！　たとえ停車中の列車であってもフラッシュを使うのは厳禁だ。そのため、デジカメであれ、スマホのカメラ機能であれ、あらかじめフラッシュ機能はオフにしておこう。

また、ホームから列車を撮影するとき、黄色い線の外へはみ出して撮るのは危険だし、禁止行為にあたる。列車が停車しているときでも危険行為なのでやってはいけない。もちろんホームで三脚を立てるのはルール違反。カメラは手持ちで撮影しよう。

最近だと撮影グッズとして「自撮り棒」が人気だ。スマホのカメラ機能を使うときに取り付けて使用する道具で、記念撮影するとき、知らない人にシャッターをお願いせずとも、自分たちでいい具合の写真が撮れてしまう。特に観光地などで使用しているのを多く見かける。せっかくの鉄道旅行なら、列車とともに記念撮影が撮りたくなるもの。**ホーム上で自撮り棒を取り出して記念写真を撮りたくなるかもしれないけど、実はれっきとした禁止行為だ。**これにはきちんとしたわけがある。第一に周りの人にぶつかってしまう危険があるから。そして第二に、生命にかかわる危険な事態になるかもしれないから！　というのも線路上の電線、正式名称「架線」には、１５００ボルトから２５０００ボルトの電気が流れている。もしこの架線に自撮り棒が触れて感電してしまったら、最悪の場合、即死する。また、架線に触れずとも近づくだけで感電する可能性もある。だから、ホームでの自撮り棒使用は、だめ絶対！

また、新幹線や人気列車の場合は、列車を撮影しようとする人が大勢押しかけることもある。こういったときは譲り合いの心を持ってほしい。せっかくの鉄道旅行、マナーとルールを守って楽しい記録を綴っていこう。

旅先で出会いがある？

積極的に地元に飛び込もう

　旅先の出会いというとなんとなくいかがわしい雰囲気が漂ってしまうけど、別にそういう意図ではまったくない。鉄道趣味の大先輩たちにお話を伺うと、昔は特急列車で隣り合った人とは自然と会話が始まっていたそうだ。このように過去形で書くということは、つまり今はあまり交流はないということ。新幹線の２人掛け座席で隣の人との会話はめったに始まらない。

　旅人同士の交流はなかなかないのだけれど、私自身がしばしば体験するのは、地元の人との会話。たとえば**ボックス席で向かい合った地元のおばちゃんが、私のリュックを見て、「どこから来たのか」と尋ねてくれることがある**。そこからなんとなく会話が続いていく。地元のおすすめ観光地や、おいしい食べ物を教えてくれることだってある。こんなときどこから来たのか、どこに向かっているのかという話こそすれども、詳細な自己紹介はしないし、連絡先の交換もしない。どちらかが列車から降りればそれで終わる、まさに一期一会《いちごいちえ》の関係。日帰り温泉でもしばしばあることだ。特に平日に旅をしていると、温泉は地元の常連さんばかり。そのなかに一人見慣れぬ人がいるわけだ。やはりここでもどこから来たのかと、尋ねてもらえる。

レンタカーやツアー形式の旅にくらべて、地元の人が普段使いする場所にも行けるのは、鉄道旅行の魅力で、こうした出会いの機会にも恵まれる。

また、食事についても、ガイドブックに載っている観光客向けのお店も楽しいけれど、**おすすめは地元の人でにぎわう居酒屋**。私はアルコールを受け付けないくせに積極的にこういう飲食店に行くようにしている。おひとり様だから自動的にカウンターに案内され、ソフトドリンクを注文する。大将から「車で来たのか」と聞かれ、飲めないんですと回答するのを契機に、店の人やカウンターに座る常連さんたちとのおしゃべりが始まる。店を出てしまえばそれまでの関係ではあるものの、これも旅の思い出。またこの街に来ようと思うきっかけにもなる。

トラブル発生対応マニュアル

遅延、運休、乗り遅れでも焦らない！

ここでは発生が想定されるトラブルごとに対応方法を解説する。

〈列車が遅延したとき〉

新幹線が遅延してしまった、普通列車が遅れる、案外よくあることだ。まず確認すべきは行程。予定していた乗り換え列車に間に合うかどうか確かめて、**厳しそうな場合は代替の行程案を考えよう**。のんびり普通列車の旅を想定していた場合でも、先に進めなければ意味がないので、**特急列車や新幹線による「ワープ」も選択肢**として持っておこう。また、新幹線や特急列車の場合は、2時間以上遅延すると特急料金が全額戻ってくるので、きっぷはなくさないようにし、なるべく早いうちに窓口に持っていこう。

〈列車が運休となったとき〉

地方の鉄道だと、倒木、強風などで列車が運休することもままある。冬期の大雪による運転見合わせの場合は、代替バスが出ることもある、有効なきっぷがあれば、それらを利用することができるので、係員の案内に従おう。もっとも必ずしも代替バスが出るわけではないし、よしんば出たとしても行程の修正をしなくてはいけないことも往々にしてある。あらかじめ予約していたホテルに間に合わないことも出てくる。そのようなときは、**宿に連絡して、事情を話してみると、運がよければキャンセル料なしで予約を取り消してくれることもある**。行程を修正すると同時に、予約アプリで代わりの宿の検索・予約を行おう。また、運休区間の運賃、特急料金は全額戻ってくるので、きっぷを窓口に持って行こう。

〈乗り遅れたとき〉

普通列車の旅の場合は、行程を修正するとともに新幹線や特急列車の利用も検討し、なるべく「遅延回復」に努めよう。あらかじめ指定席特急券を購入していた新幹線や特急列車に乗り遅れた場合は、その後の列車の「自由席」を利用することが可能だ。また、全車両指定席の列車であれば、空いている席を利用することができる。指定席分の差額は……勉強代として涙を飲むことになる。

駅を思いっきり使おう

安近短グルメから、お土産まで

駅の外に出て観光に繰り出すことができたら一番いいけれど、乗り継ぎの順調な鉄道旅行では時間が確保できないこともある。こういったとき待合室やホームで待ちぼうけしているのはもったいない。乗り継ぎのターミナル駅では駅をフル活用して楽しもう。

〈駅そば〉

安くて、近くて、早い。この3拍子が揃ったのが駅そばだ。**駅そばとは駅のホームやコンコースにあるそば店やスタンドのこと**。注文してから出てくるまでの所要時間は30秒ほど。立ち食いスタイルが多く、躊躇してしまうかもしれないけど、ここは勇気を出して飛び込んでみよう。汁の色味や味には地域色が出ている、鉄道旅行者にとっては一番身近なご当地グルメだ。また、名古屋だったらきしめん、博多だったらラーメンと、そばに限らず、各地の有名な麺類が食べられるもの魅力だ。

〈駅ナカ〉

最近は、改札内のコンコースも充実しており、大都市の駅であれば、お土産も食事もここでまかなえてしまう。その地域の代表的なお土産であれば、一通りは改札内の売店に揃っているし、特に新幹線の改札内であれば、飲食店も充実している。長めの旅行の時には、会社の同僚など用のお土産を買う人もいると思うが、そういったものは旅の最後に駅ナカで買ってしまうのが、一番楽ちんだ。

〈駅ビル〉

都市部だと駅と商業施設が一体になっていることが多い。食品売り場にファッションフロア、レストラン街がすべて備わっていて、いわゆる駅ビルと呼ばれるこの施設、侮ることはできない。鉄道旅行といえば、駅弁が鉄板だけど、**食品売り場の弁当もご当地色が強いことが多い**。海沿いの街だと、地元産のネタを使ったお寿司が売られていることもある。また、レストランフロアには、地元名物を出す店、あるいはその地域内にしかないチェーン店があったりして、こちらで食事をいただくのもなかなか楽しい。

特にグルメの視点では、駅舎を飛び出さなくても十分に堪能できてしまうので、時間があまり取れないときには、大いに活用しよう！

大まわり乗車について

たった150円で1日遊び倒せる、究極のリーズナブル鉄道旅行

110ページで解説したように、いわゆる「近郊区間」というのは、有効期限が1日かつ途中下車ができないという悲しい特徴を持っている。その一方で、いい点もある。それは、どんな経路で回ってきても、最も安い区間の運賃でよいというもの。

わかりやすい例として山手線を上げる。渋谷から原宿までは山手線の外回りで1駅150円（交通系ICカードは146円）の区間だ。この区間を反対方向に走る内回りで移動しても、運賃は150円で済んでしまう。

これを応用して、あえて遠回りのルートで隣駅まで移動することを、鉄道ファンたちは「大回り乗車」と呼んでいる。大回り乗車をする際の注意点は次の通り。

●有効期限は1日　●近郊区間の外に出てはいけない　●同じ駅や同じ区間を2度通ってはいけない　●改札を出たらそこで終了

この大回り乗車を活用すれば、1日中鉄道で遊んでもたった150円で済むというメリットはある。ただ、注意点にもあるように改札の外には出ることができない。もっとも最近は改札内の駅ナカもかなり充実しているため食事の心配は一切不要だ。駅前にすら一切立ち寄ることができず、列車に揺られることだけを楽しむという点では、純度の高い鉄道旅行ともいえる。

大回り乗車の例 ❶

品川　**Start !**
↓（東海道本線）
茅ケ崎
↓（相模線）
八王子
↓（八高線）
高麗川
↓（川越線）
大宮
↓（上野東京ライン）
東京
↓（山手線）
田町　**Goal!**

大回り乗車の例 ❷

東京　**Start!**
↓（総武本線）
西船橋
↓（武蔵野線）
新松戸
↓（常磐線）
友部
↓（水戸線）
小山
↓（宇都宮線）
上野
↓（山手線）
神田　**Goal!**

大回りのルートは、先に述べた注意点さえ守っていれば、いくらでも作ることができる。ただ、有効期限が1日と限定されているので、その日のうちに戻ってこられなかったら即アウトだ。近郊区間は比較的列車本数が多いけれど、あらかじめある程度のプランニングをしてから出発することをおすすめする。

旅行会社の乗車票について

きっぷみたいなのに、きっぷじゃない落とし穴

それはある冬のこと。北陸旅行に出かけていた友人から悲痛な連絡が届いた。

「帰りの新幹線に間に合いそうにない！　きっぷ代が無駄になる、どうしよう！！」

友人はすでに金沢発東京行きの北陸新幹線の指定席を押さえているとのこと。ただ、指定席特急券については１７６ページでも解説したように、発車前であれば手数料なしで乗車変更することが可能だ。そこで、どこでもいいから最寄りの窓口に行き、遅い時間の新幹線特急券に変えてもらうように伝えた。その後、届いたのが以下のようなお返事。

「旅行会社で押さえたやつだけど、変更できるかな？」

これはもしや……と思い、念のために手元にあるきっぷの写真を送ってもらったところ、それはきっぷではなくて「乗車票」だった。

ここで本題に話を移す。乗車票（正式名称は「契約乗車票」）とは、旅行会社のツアーなど

で新幹線乗車用に渡される「きっぷのようなもの」のこと。団体旅行でなくとも、宿と往復の新幹線がセットになったパック商品でも使われているもの。さて、この乗車票、見てくれこそほぼきっぷであり、自動改札を通ることができるものの、きっぷとは特に次の点において大きく異なる。

●途中下車、乗車できない
●座席が変更できない
●乗車区間が変更できない
●乗車日時が変更できない

つまり指定席特急券なら可能な乗車変更が一切不可能で、券面に記された日時、区間でしか利用することができない。ただ、必ずしもすべての乗車票が上記ルールに縛られるかというと、そういうわけでもない。事実、冒頭の友人の持っていた乗車票の場合、後続の新幹線の自由席を利用することができ、あらためてきっぷを買わずに済んだ。

特に宿と往復の新幹線がセットになったパック商品はリーズナブルなものも多く、個人旅行に限らず、会社の出張でも利用する人は多い。ただ、安い代わりに、いろいろと制約があるので、あらかじめ渡される説明書きをよく読んでから旅に出よう。

おさらい鉄道クイズ＆蜂谷プライベートクイズ

第5章「いよいよ旅に出発」編

第1問　駅のコインロッカーで正しいのはどれか

①100円硬貨専用

②10円、50円、100円硬貨専用

③おつりが出てくる

第2問　特急列車について、正しいのはどれか

①列車が2時間以上遅れたら、特急料金が返ってくる

②50キロ未満の乗車なら特急料金不要

③「青春18きっぷ」でも特急券を購入すれば乗車可能

蜂谷が所属していた大学の鉄道研究会の合宿の定番はどれか

①宿集合宿解散　②普通列車だけで移動する　③ユースホステルを利用する

答え　問1：①　問2：①　問3：①

旅の参考に

蜂谷の好きな路線&車両 BEST5

鉄道旅行のなかで、あるいは生活のなかで列車と触れ合っていると、自ずと好きな路線、列車ができてくるもの。ここでは、記憶と愛着に基づく蜂谷のベスト5を紹介!

好きな路線 BEST5

❶ JR 越美北線

実家の最寄り路線だから。高校時代までは、私の生活がかかっていた。本数が少ないので、当時は全ダイヤが頭のなかに叩き込まれていた。

見晴らしのいいガーダー橋、第六足羽（あすわ）川橋梁を渡るキハ120形

❷ ハピラインふくい、JR 北陸本線

私が鉄道趣味に目覚めた路線。特急「サンダーバード」や「しらさぎ」、それに今はなき「雷鳥」を見て、私も遠くへ行きたい！と歯がゆさを感じた。

福井を走り抜け、青森まで走っていた寝台特急「日本海」が九頭竜（くずりゅう）川橋梁を渡る

❸ JR 五能線

平日の昼下がりに乗っていたところ、ほぼ貸し切り状態で、地元イントネーションの車掌さんから、親切にしてもらったから。

繰り返し海岸に迫りながら走るキハ40系（追良瀬〈おいらせ〉～驫木〈とどろき〉）

❹ JR 鶴見線

京浜工場地帯を走る特徴的な路線。学生時代は目的もなく通い、なんとなく感傷的になっていた。

まるでローカル線のようなたたずまいの大川駅

❺ JR 根室本線（釧路～根室）

湿原が延々と続き、不安すら覚えてくる。沿線に見られる谷内坊主《やちぼうず》（スゲ属の隆起した株）の不気味な可愛さも魅力の一つ。あえて乗りに行きたい路線。

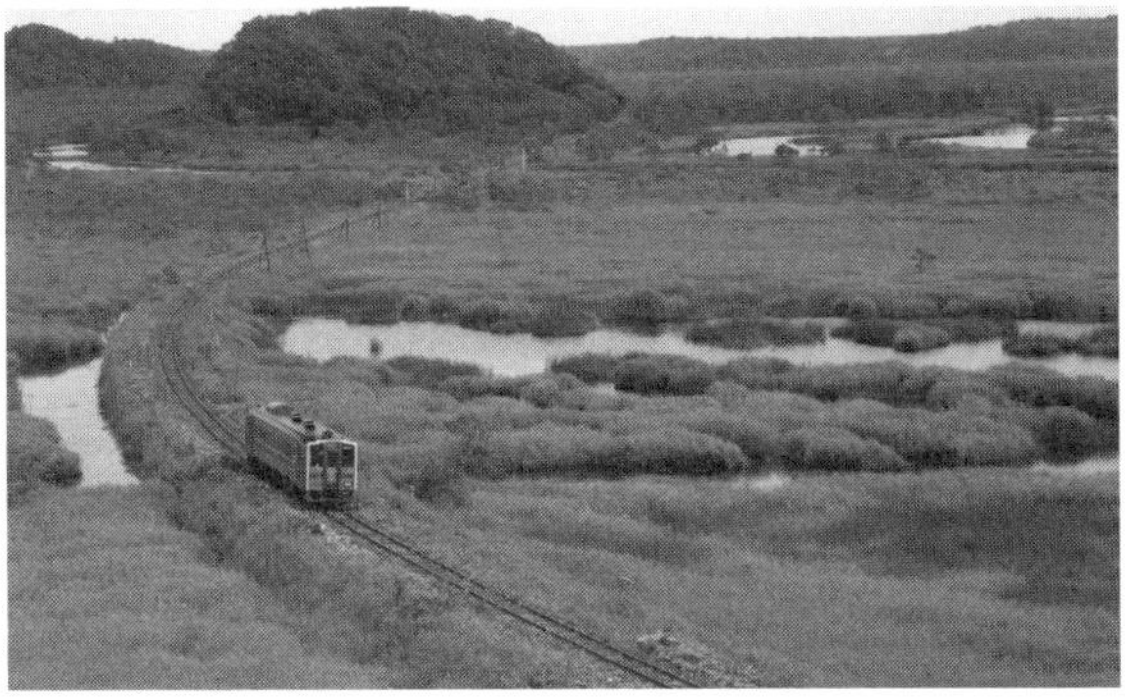

別寒辺牛（べかんべうし）湿原のど真ん中を走るキハ40系（厚岸～糸魚沢〈いといざわ〉）

好きな車両 BEST5

❶ 485系

大好きな特急「雷鳥」に使われていた車両だから。祖父がかつて乗務していたという情報を仕入れて以来、より好きになった。

窓が大きくとられた特急「雷鳥」のパノラマグリーン車。すでに運行は終えている

❷ 300系新幹線

上京したばかりの頃、帰省に利用した東海道新幹線「ひかり」に充当されていた。当時は、ふるさとと川崎を結ぶ車両だった。

国内で初の時速270㎞運転を行い、当初は「のぞみ」として導入された。2012年に運行終了

特急「サンダーバード」として北陸本線を走る 681 系

❸ 681系

特急サンダーバードの車両。テレビ CM もあった（と記憶している）。子どもの頃は「（ほとんど乗ったことのない）新幹線よりかっこいい」と思っていた。

酷寒地向けに製造されている両運転台、ワンマン仕様のキハ40 形 700 番台

❹ キハ40系（北海道用）

ボックス席から、本州とはまったく違う景色を見ている時間が至福の一時。初めて二重窓と出くわしたのも衝撃だった。

快特や「京急ウイング号」などに運用される 2100 形

❺ 京急2100形

京急は総じて座席が快適だけれど、特に 2100 形は格別。特急料金不要なのに！ と大手私鉄の力に圧倒された田舎者の私。

あとがき

地図が破れてもなお鉄道旅行へ

3時間に1本のローカル線、JR越美北線に乗る以外に選択肢がないのに、大阪、名古屋といった大都会に数時間後には到着する特急列車が羨ましくてしかたなかった。同時に、この線路がどこまでも続いていることは、希望だった。これは高校時代の福井駅での思い出。

初めて乗った寝台列車は青森行きの寝台特急「日本海」。退屈するといけないからと文庫本を2冊も持ち込んだのに、まるで開かなかった。窓の外、闇の中に見える家々の明かりに心を奪われたからだ。

初めてそれらしい鉄道旅行を敢行したのは、大学入学のために上京したばかりの5月。川崎の自宅から地元の福井まで、鈍行列車で帰省するというものだった。東海道本線をひたすら乗り継ぎ西へ、米原から北陸本線を経由した片道の旅。所要時間は12時間だった。当時の私は、時刻表を読むことも、川崎から福井までの乗車券を買うこともできたけど、途中下車を知らなかった。無人駅である近江塩津《おうみしおつ》駅で「人はいないけど、改札外の待合室に行っても大丈夫だろうか」とそわそわし、敦賀駅のホームでは持て余した乗り換えのための1時間を漫然と過ごした。

それから時は流れ、鉄道旅行を重ねるうちに知識は自ずと蓄積され、荷物は徐々に軽くなり、長年愛用している地図帳は表紙が破れてぼろぼろになった。地図帳には、すでに廃止から久しい路線や駅が現役の状態で載っている一方で、北陸新幹線は金沢まで開業しておらず、東北新幹線は八戸止まりだ。

地図が破れてもなお、私は変わらず鉄道旅行に行き続け、今もこの原稿を書きながら、終わったらどこに行こうか考えている。同じ路線、同じ場所に何回行っても、毎回違う景色が見られるのでたぶんこの先も飽きずに鉄道旅行を繰り返し、のめり込む一方なのだと思う。

本書では、私が鉄道旅行を繰り返す中でため込んだ知見を、余すことなく大放出した。読者の方の鉄道旅行へのきっかけになれば、あるいは道中で活用いただければ、これ以上に嬉しいことはない。

蜂谷 あす美

＼ よき鉄道旅へ！ ／

蜂谷あす美（はちや あすみ）

1988年福井県福井市出身。実家は越美北線沿いの電器屋。国鉄で車掌を勤め上げた祖父がいる。高校時代の汽車通学時、鉄道の魅力に突如取りつかれ、鉄道雑誌をこっそり愛読し趣味をはぐくむようになる。慶應義塾大学入学後は、鉄道研究会に入会し、ノリと流れで代表まで務める。大学卒業後は出版社勤務を経て、紀行文ライターに。雑誌『鉄道ジャーナル』で「わたしの読書日記」連載中。

編集　揚野市子
表紙・本文デザイン　田中麻里（フェルマータ）
校正・校閲　武田元秀
写真　米山真人・米屋こうじ・牧野和人
仲井裕一（イカロス出版）

本書は、株式会社天夢人が2019年7月に刊行した旅鉄HOW TO 001『女性のための鉄道旅行入門』を再編集したものです。

女性のための安心鉄道旅行術

2024年 12月20日　初版第1刷発行

著　者　蜂谷あす美
発行人　山手章弘
発　行　イカロス出版株式会社
〒101-0051　東京都千代田区神田神保町1-105
contact@ikaros.jp（内容に関するお問合せ）
sales@ikaros.jp（乱丁・落丁、書店・取次様からのお問合せ）

印刷・製本　株式会社シナノパブリッシングプレス

Printed in Japan
ISBN978-4-8022-1545-9